Florenz

Michaela Namuth

▶ ■ ■ ■ ■ ■
Diese Symbole im Buch verweisen auf den großen Cityplan!

Benvenuti – Willkommen

Mein heimliches Wahrzeichen	4
Erste Orientierung	6
Schlaglichter und Impressionen	8
Geschichte, Gegenwart, Zukunft	14
Reiseinfos von A bis Z	16

15 x Florenz direkt erleben

1| Der Nabel der Welt – Treffpunkt Ponte Vecchio — 28
Auf der Arno-Brücke mit den verschachtelten Häuschen treffen sich tagsüber Touristen aus aller Welt und abends Paare mit Sinn für Romantik.

2| Kunstgalerie der Superlative – die Uffizien — 31
Botticelli, da Vinci, Michelangelo, Dürer, Rembrandt und Goya – nur einige Namen in einer der umfangreichsten Kunstsammlungen der Welt.

3| Museum unter freiem Himmel – Piazza della Signoria — 34
Michelangelos David ist hier vom Cafétisch aus zu sehen ...

4| Insel der Kunstschätze – Dom, Campanile und Baptisterium — 37
Die mächtige Kuppel des Doms dominiert die engen Gassen und die Taufkirche weist den »Weg ins Paradies«.

5| Im Herzen der Stadt – Piazza della Repubblica und Dante-Viertel — 40
Entspannen auf der großzügig angelegten Piazza, dem Salon der Stadt, wandeln auf den Spuren des Freigeistes und Dichters Dante Alighieri.

6| Gucci und Pucci – rund um die Via Tornabuoni — 44
Läden großer Marken und kleine, feine Designer- und Vintage-Boutiquen.

7| Vollendete Harmonie – Santa Maria Novella — 47
Die berühmte Klosterkirche besticht mit ihrem gotischen Äußeren und einem mit Renaissance-Kunstwerken gespicktem Innenleben.

8| Pane e Vino – Mercato Centrale di San Lorenzo — 49
Frische Zutaten für feine Brot- und Gemüseküche, rundherum Weinlokale.

9| Die Welt der Medici – im Viertel San Lorenzo — 52
Rund um die Basilica San Lorenzo haben die Bankiers und Kunstmäzene der Medici besonders reichhaltige Spuren hinterlassen.

10| Durch das Studentenviertel – San Marco — 55
Innere Einkehr versprechen die Werke des malenden Mönchs Fra Angelico, der Botanische Garten und die lässige Atmosphäre der Studentenlokale.

11| Piazza, bella Piazza – rund um Santa Croce — 58
In der riesigen Kirche stehen die Grabmäler florentinischer Berühmtheiten.

| **12** | **Die Stadt auf einen Blick – San Miniato al Monte** | 61 |

Florentinische Romanik zeigt die Kirche auf der anderen Seite des Arno; der Aufstieg auf den Hügel belohnt mit einem herrlichen Panorama.

| **13** | **Fürstliche Pracht – Palazzo Pitti und Giardino di Boboli** | 64 |

›Palast der Superlative‹ und wunderschöner Renaissance-Garten.

| **14** | **Renaissance-Tempel – S. Spirito und Sta. Maria del Carmine** | 67 |

Schöner und erhellender als in diesen beiden Kirchen kann eine Reise in die Epoche der Renaissance nicht sein.

| **15** | **Kupferstecher und Cocktails – Oltrarno** | 70 |

Nirgendwo sonst klingt der Tag so entspannt aus wie in diesem Viertel.

Noch mehr Florenz 74
Bauwerke 74   Gotteshäuser 76   Museen 78   Parks und Gärten 81

Ausflüge 82
Fiesole 82   Villa Medicea La Petraia 83   Villa Medicea di Castello 83
Villa Medicea di Poggio a Caiano 84   Greve in Chianti 85

Zu Gast in Florenz

Übernachten 88
Günstig und nett 89   Stilvoll wohnen 90
Essen und Trinken 92
Cafés und Frühstück 93   Eisdielen 94   Fisch 94   Gourmet-Lokale 94
Gut und günstig 96   Szene und Ambiente 96   Typisch toskanisch 97
Vegetarisch 98   Wein und kleine Mahlzeiten 99
Einkaufen 100
Bücher und CDs 101   Delikatessen und Lebensmittel 101   Geschenke, Design, Kurioses 102   Märkte 102   Mode 103   Schmuck 104
Schuhe und Lederwaren 104   Traditionsgeschäfte 105
Ausgehen – abends und nachts 106
Birrerie und Pubs 107   Cocktailbars und Szenekneipen 108
Diskotheken 109   Festivals 110   Latino-Rhythmen 111
Livemusik und Jazz 111   Kino 113   Schwul und lesbisch 113

Sprachführer 114
Register 116
Autorin, Abbildungsnachweis, Impressum 120

Benvenuti – Willkommen
Mein heimliches Wahrzeichen

Die Piazza Santa Croce ist so groß, dass man auf ihr Fußball spielen kann. Das tun die Florentiner nach alter Tradition einmal im Jahr: im Juni beim Calcio in Costume. Im Sommer sitzen Touristen auf dem warmen Steinpflaster. Über allem wacht streng die Statue des Dichters Dante Alighieri.

Erste Orientierung

Überblick
Wahrscheinlich kommen Sie auf dem **Flughafen Amerigo Vespucci** (▶ nördl. B 1) an. Er liegt nur 6 km nordwestlich vom Stadtzentrum entfernt und ist mit diesem durch einen Bus, der jede halbe Stunde fährt, verbunden. Erreichen Sie Florenz mit der Bahn, kommen Sie an der **Stazione Santa Maria Novella** (▶ D 3) an und sind schon gleich mitten in der Stadt. Das Stadtzentrum dehnt sich zwischen dem Bahnhof im Westen, der **Ponte Vecchio** (▶ E 5) und den **Uffizien** (▶ E/F 5) am Arno-Ufer (im Süden), dem **Giardino dei Semplici** (▶ F/G 3) im Norden und der **Piazza Santa Croce** (▶ G 5) im Osten aus. In diesem Bereich ist alles bequem zu Fuß zu erreichen und große Teile sind Fußgängerzonen. Auf Verkehrsmittel kann man deshalb in der Regel verzichten. Um das Zentrum herum liegen die neueren Wohnviertel. Auf der anderen Seite des Flusses Arno befindet sich der Stadtteil Oltrarno, der ebenfalls vom Zentrum aus zu Fuß zu erreichen ist.

Piazza della Signoria ▶ F 5
Der zentrale und wichtigste Platz ist die **Piazza della Signoria.** Hier steht der Palazzo Vecchio, hier grenzen die Uffizien an und hier beginnt an der Via Calzaiuoli die berühmte Shopping Mall mit Modegeschäften aller Art und Preisklassen. Die Tische der Cafés auf der Piazza sind trotz der überhöhten Preise immer belegt. Schulklassen und Reisegruppen versuchen, die schattigen Plätze vor der **Loggia dei Lanzi** (▶ E/F 5) zu ergattern. Die Piazza ist seit über 700 Jahren das weltliche Zentrum von Florenz, wo die Florentiner über die Geschicke ihrer Stadt entscheiden. Auch zur **Piazza San Giovanni** (▶ E/F 4) und zur **Piazza della Repubblica** (▶ E 4/5), den zwei anderen großen Plätzen des Stadtzentrums, sind es von hier aus nur wenige Minuten zu Fuß. Die Piazza Repubblica mit ihren bekannten Stadtcafés war zu römischen Zeiten das Zentrum von Florenz. Auf der Mitte des Platzes steht eine Säule.

Die historischen Viertel
Die vier historischen Viertel sind Santa Maria Novella, San Giovanni, Santa Croce und Santo Spirito. Zu dem Viertel um die gotische Basilika **Santa Maria Novella** (▶ D/E 4/5) gehören der Patrizierpalast der Strozzi und die Kirche Santa Trinità. **San Giovanni** (▶ E/F 3/4) bildet mit dem Baptisterium, dem Dom und dem Campanile das Herz der Stadt. Zu dem Viertel gehört auch die Welt der Medici: die Kirche San Lorenzo und der Palazzo Medici Riccardi. Um die Basilika **Santa Croce** (▶ F/G 5) herum wurde jahrhundertelang Leder verarbeitet. Viele Straßennamen des Viertels zeugen noch heute von dieser Tradition. Das Viertel **Santo Spirito** (▶ D/E 5/6) liegt auf der anderen Seite des Flusses, im Stadtteil Oltrarno. Hier leben auch noch heute die kleinen Leute und die Kunsthandwerker der Stadt.

Oltrarno ▶ C–G 5/6
Überschreitet man den Ponte Vecchio, befindet man sich im Stadtteil ›jenseits des Arno‹. Hier wohnten ausschließlich arme Handwerker und Wollarbeiter, bis 1550 die Medici in den **Palazzo Pitti** einzogen. Sie und ihr Gefolge benötigten Möbel und Dekoration für ihre

Erste Orientierung

Wohnungen. So entstanden zwischen Porta San Frediano und Porta San Niccolò die berühmten Werkstätten des Oltrarno, die das alte Kunsthandwerk bis heute beherrschen und nach wie vor traditionelle Produkte fertigen: handbedrucktes Papier, Goldrahmen, Kupferstiche, handgefertigte Schuhe und Objekte aus Schmiedeeisen. Aktuell eröffnen in Oltrarno auch immer mehr junge Leute aus der ganzen Welt Lokale oder Geschäfte mit Kuriositäten oder Modedesign.

Museum unter freiem Himmel

Diesen Namen hat sich Florenz wirklich verdient. Nur hier ist die Renaissance bei jedem Schritt auf der Straße so präsent und lebendig. Nur hier kann man auf engstem Raum eine Vielzahl von Meisterwerken der Baukunst und Skulpturen großer Meister besichtigen. Zwar wurden der David von Michelangelo auf der Piazza della Signoria und andere Skulpturen inzwischen durch Kopien ersetzt, um sie vor Smog und Diebstahl zu schützen. Aber der

Wer in Florenz sein Hotel finden möchte, muss wissen, wie das System der **Hausnummern** funktioniert. Dieses zeichnet sich durch eine doppelte Nummerierung aus: Die schwarzen Nummern (z. T. auch blaue) kennzeichnen Privatwohnungen und Hotels, die roten mit einem ›r‹ wie *rosso* stehen an Geschäften, Firmen und Restaurants. Die beiden Nummerierungen verlaufen unabhängig voneinander. Bei jeder Adresse sollte man sich deshalb vergewissern, zu welcher Nummerierung sie gehört. Allein die Hausnummer reicht nicht aus.

Wirkung der einzigartigen Monumente unter freiem Himmel tut dies keinen Abbruch. Aber nicht nur die Werke der großen Meister und die Paläste der Patrizierfamilien, Zeitzeugen des Lebens in der Renaissance, auch die unscheinbaren Madonnenaltäre in den Nischen der Häuserfassaden sind Exponate dieses außergewöhnlichen Museums.

Das Kunsthandwerk blüht in Oltrarno – hier eine Marmorierwerkstatt

Schlaglichter und Impressionen

Florentinisch oder Arabisch?
Die Florentiner glauben, dass sie eleganter als der Rest der Stiefelbevölkerung gekleidet sind, dass sie das beste Italienisch sprechen und dass Florenz die schönste Stadt der Welt ist. Die anderen Italiener glauben, dass die Florentiner immer ein wenig zu arrogant sind, aber das Glück haben, in einer Stadt mit einzigartigen Kunstschätzen zu leben. Wie immer haben alle ein wenig recht.

Nur in Florenz gab es bereits im Mittelalter so viele Woll- und Tuchmacher, dass man schon damals von einer Modeindustrie sprechen konnte. Und bis heute ist der spezielle Schick der Florentiner, die jedes Jahr die internationale Modemesse Pitti Immagine ausrichten, berühmt. Sie haben auch das Recht, stolz auf ihre Sprache zu sein. Es ist die Sprache der toskanischen Dichter Dante, Petrarca und Bocaccio. Sie waren im 14. Jh. die Ersten, die ihre Werke nicht auf Latein, sondern im gesprochenen Italienisch veröffentlichten. Dass es sich beim modernen Florentinisch allerdings um das einzig echte Hochitalienisch handelt, zweifelten schon viele an, auch der französische Schriftsteller Stendhal. In »Reise in Italien« schreibt er 1817: »Ich eilte ins Theater Hohomero – so spricht man hier das Wort Cocomero aus. Die viel gerühmte Florentiner Sprache hat mich furchtbar verletzt. Im ersten Moment glaubte ich, man spräche Arabisch.«

Himmlische Empfindungen
Dass die Florentiner das C wie ein H aussprechen, mindert aber nicht die Bewunderung des Dichters für die Kunstschätze der Stadt. Bei der Besichtigung der Fresken von Santa Croce befällt ihn ein Wirbel der Sinne, der bis heute das ›Stendhalsche Syndrom‹ genannt wird: »Ich war auf dem Punkt der Begeisterung angelangt, wo sich die himmlischen Empfindungen, wie sie die Kunst bietet, mit leidenschaftlichen Gefühlen gatten. Als ich die Kirche verließ, klopfte mir das Herz; man nennt das in Berlin Nerven; mein Lebensquell war versiegt, und ich fürchtete umzufallen.« Nicht alle Besucher nimmt die Schönheit der florentinischen Kunst so mit, aber die meisten kommen vor allem ihretwegen. Nur hier begegnet man auf Schritt und Tritt der Welt der Medici, den einzigartigen Malereien der Renaissance-Künstler und imposanten Bauwerken, die die Geschichte einer Stadt erzählen, die nicht nur von Fürsten, sondern auch von freien Bürgern erschaffen wurde.

Die Florentiner
Natürlich trifft man in Florenz – wie in allen Touristenstädten – die Abgebrühten, die mit den Besuchern das schnelle Geld machen wollen. Aber es gibt auch den alten, adrett gekleideten Herrn, der schon morgens um sieben bei Nerbone auf dem Mercato Centrale seinen Kaffee schlürft und einen dazu einlädt. Und bei Procacci, in der eleganten Via Tornabuoni, sitzt häufig eine Frau mit gepunkteter Bluse, die Trüffelbrötchen nascht und traurig an ihr schönes Unterwäschegeschäft denkt, das sie im Zentrum besaß. Daraus ist jetzt eine Eisdiele geworden. Die Florentiner haben es nicht leicht mit ihrem Zentrum, das heute den Touristen und

Schlaglichter und Impressionen

internationalen Modeketten gehört. Die Mieten sind zu hoch für normale Familien, die meist in Oltrarno oder in den Außenbezirken wohnen. Ein Angestellteneinkommen liegt hier wie in ganz Italien bei 1500 €, dabei sind die Preise in Florenz deutlich höher als in deutschen Städten. Hier erweist sich das enge Verhältnis der Florentiner zu ihrem Umland als Vorteil. Obst, Gemüse und Fleisch kommen oft direkt vom toskanischen Bauern auf den Tisch. Auch deshalb ist die florentinische Küche so bodenständig und vergleichsweise preiswert geblieben. Die Ethno-Küche breitet sich nur langsam aus, obwohl die Zahl der Immigranten in den letzten Jahren deutlich gestiegen ist. Die Stadt Florenz zählt rund 377 000 Einwohner, davon sind 58 000 (15,9 %) ausländischen Ursprungs, vor allem Rumänen, Peruaner, Albaner, Philippinen und Chinesen.

Die Kebab-Imbisse der Innenstadt werden von jungen Maghrebinern und Ägyptern betrieben, die Internet- und Telefonläden von Pakistani. Ein wirklich multikulturelles Viertel gibt es in Florenz dennoch nicht. Am internationalsten geht es in den Straßen um das Studentenviertel San Lorenzo und in Oltrarno, um die Piazza Santa Spirito, zu, wo junge Leute aus aller Welt Lokale und Läden voller Kuriositäten betreiben.

Zwischen Tradition und Tourismus

Die vier traditionellen *quartieri* (Stadtviertel) sind Santa Maria Novella, San Giovanni, Santa Croce und Santo Spirito. Bei wichtigen Stadtfesten wie dem Scoppio del Carro zu Ostern und dem Calcio in Costume im Juni treten die Viertel mit ihren Wappen und Farben auf. Diese Feste sind nicht nur Touris-

Im Herzen der Stadt – das Viertel San Giovanni mit Dom, Baptisterium und Campanile

Schlaglichter und Impressionen

Souvenirs, Souvenirs – die Florentiner haben sich auf die vielen Touristen eingestellt

tenattraktionen. Auch für die Florentiner sind es Gelegenheiten, ihre Traditionen und ihr *centro storico* zurückzuerobern. Die meisten von ihnen wohnen nicht mehr hier. Viele arbeiten aber in den Büros der Stadt- oder der Regionalverwaltung oder haben in irgendeiner Weise mit dem Tourismus zu tun. Immerhin kommen jedes Jahr rund 8 Mio. Besucher in ihre Stadt. Den Löwenanteil stellen dabei mit 20 % immer noch die Amerikaner, gefolgt von den Deutschen (13 %) und den Japanern (8 %), wobei immer mehr Touristen aus den osteuropäischen Ländern Florenz besuchen.

Caffè und Cornetto

Seit ein paar Jahren gibt es Bars und Self-Service-Restaurants, wo man Toast und Spiegeleier zum Frühstück serviert. Die Florentiner kann man dazu allerdings kaum überreden. Sie trinken morgens einen *caffè*, vielleicht mit etwas Milch und einem *cornetto* (Croissant). Dafür ist das Mittagessen, *pranzo*, zwischen 13 und 14 Uhr, immer noch eine wichtige Pause, die fast alle einhalten. Wer kann, macht sich zu Hause eine *pasta* oder eine *minestra*. Die anderen versuchen, ein warmes Gericht oder einen Salat in einem der zahlreichen und dennoch immer überfüllten Mittagslokale zu ergattern. Abendessen gibt es etwa um 20 Uhr. Das gilt auch für die typischen Restaurants, wo oft nur bis 23 Uhr warme Küche serviert wird. Die Florentiner halten an ihren Traditionen fest, auch beim Dresscode. Zwar wird schon lange keine Touristin mehr wegen kurzer Hosen schief angesehen, aber nackte Beine in Shorts und Wandersandalen sind in Restaurants verpönt. Es gilt hier wie überall im Land der *bellezza:* Wer besser gekleidet ist, wird auch besser bedient.

Schlaglichter und Impressionen

Ausgeprägter Gemeinschaftssinn

Florenz ist nicht nur Sitz einer Stadtregierung, die immer für ihre Unabhängigkeit gekämpft hat, sondern auch Hauptstadt einer Region, die in den Ohren der Deutschen einen besonderen Klang hat: der Toskana – Land der sanften Hügel, der Pinien, des Chianti und der Urlaubssehnsucht. Die Toskana steht aber auch für eine lange politische Tradition der Genossenschaften, die die Region und das Gemeinwesen geprägt haben. Die Landwirte profitieren wirtschaftlich bis heute davon. Das öffentliche Leben, soziale Strukturen, Verkehrsmittel und die Integration von Randgruppen funktionieren hier – und in der benachbarten Emilia Romagna – besser als in anderen italienischen Regionen. Florenz ist – wie die Region Toskana – seit der Nachkriegszeit linksregiert und eine der wohlhabendsten Städte Italiens. Sie verdient reichlich am Tourismus, verfügt aber auch immer noch über eine gut funktionierende Pharma-, Chemie- und metallverarbeitende Industrie. Zahlreiche mittelständische Unternehmen liegen im Industriegebiet von Scandicci und viele von ihnen haben Erfolg, weil sie ihre Produktionsmaschinen schnell und flexibel an die wechselnden Erfordernisse des Marktes anpassen können.

Zwischen Uni und Ateliers

Sie tüfteln gern, die Toskaner, und auch dies hat eine lange Tradition. Im Museo Galileo sind einige der technischen Wunderwerke und Maschinen Leonardo da Vincis zu sehen, der in Vinci, 50 km nordöstlich der Stadt, geboren wurde. Er lebte mehrere Jahre in Florenz, wo er u. a. seine berühmte Mona Lisa malte. In dem Museum sind auch zahlreiche Erfindungen Galileo Galileis ausgestellt, der in der heutigen Universitätsstadt den Grundstein für die moderne empirische Wissenschaft legte, indem er 1657 das erste wissenschaftliche Institut, die Accademia del Cimento, gründete. Die Universität für das Studium Generale war bereits 1321 gegründet worden. Heute sind an der Università degli Studi di Firenze 54 000 Studierende eingeschrieben, davon kommen 3000 aus dem Ausland. Kaum eine andere italienische Uni ist mit einer Vielzahl von Austauschprogrammen und englischsprachigen Kursen so international ausgerichtet.

Die Stadt ist nicht nur stolz auf ihre akademischen, sondern auch auf ihre handwerklichen Künste. In den letzten Jahren öffnen immer mehr junge Leute Ateliers für maßgeschneiderte Bekleidung, handgemachte Lederschuhe oder moderne Goldschmiedekunst – vor allem im Zentrum rund um den Dom, aber auch in den Gassen von Oltrarno. Die Tourismusbüros geben gern Auskunft, wo und wann man den Kunsthandwerkern bei ihrer Arbeit über die Schulter sehen kann. Manche der Ateliers sind Szenetreffs, wo sich die Florentinerin vor dem Aperitif noch eine schicke Frisur verpassen lässt oder eine Kette für den Abend ausleiht.

Dauerproblem Verkehr

Egal wo die Florentiner unterwegs sind, sie nehmen dazu immer das *motorino*. Als Fußgänger wird man in den engen Gassen ständig von ihnen umschwirrt. Der Verkehr bleibt für den mittelalterlichen Stadtkern ein Problem, das eigentlich nie wirklich gelöst wurde und das den Kunstschätzen des »Museums unter freiem Himmel« auf Dauer schwer zusetzt. Dabei war Florenz eine der ersten Städte Italiens, die schon 1988 verkehrsberuhigte Zonen einführten. Bei der Beschränkung des Autoverkehrs stößt die Verwaltung immer wieder auf

Schlaglichter und Impressionen

den erbitterten Widerstand der Lokal- und Ladenbesitzer. Diese fürchten um ihre Stammkundschaft aus den feinen Wohnvierteln und die Familien, die abends ins Restaurant kommen – natürlich mit dem Auto. Viele junge Leute haben längst das Fahrrad als Fortbewegungsmittel entdeckt. Das Radwegenetz ist immerhin schon fast 85 km lang. Zudem gibt es umweltfreundliche Elektrobusse (C1, C2, C3, D). Ein neues Straßenbahnnetz soll künftig mit dem Ring der lokalen und regionalen Bahnhöfe verknüpft werden. Die Touristenbusse dürfen ins Zentrum erst gar nicht hineinfahren, an der Piazzale Michelangelo ist ihnen eine Viertelstunde Haltezeit gestattet. Immer wieder wird der Bau einer U-Bahn diskutiert, aber angesichts der römischen Fundamente der Stadt auch immer wieder verworfen. Ein anderer Vorschlag wurde jedoch realisiert: die Einführung einer Tagessteuer für Touristen von bis zu 58 €, die unabhängig vom Verkehrsmittel bei jeder Übernachtung fällig werden.

Die Stadt schwitzt

Im Sommer, wenn die Temperaturen in der Stadt auf 40 °C steigen, flüchten die Florentiner ans Meer oder in die Sommerfrische. So sehr sie ihre Stadt auch lieben, über das Klima wissen auch sie nur wenig Gutes zu sagen. Im Winter ist es am Arno-Ufer feucht und kalt, im Sommer schwül. Nur selten kommt eine frische Brise auf – allenfalls in den frühen Morgenstunden, wenn endlich alle Klimaanlagen, die zusätzlich warme Luft erzeugen, ausgeschaltet sind. Dann kann man auch auf der Piazza della Signoria, wo schon die Kutscher und ihre Pferde für die erste Rundfahrt bereitstehen, endlich einmal frei durchatmen.

Heilige Adressen

Die sogenannten *tabernacoli* kann man heute noch – vor allem in Oltrarno – an alten Gemäuern entdecken: Heiligenbilder, die auf Fresken und Keramikkacheln oder als Skulpturen in einem eigens angefertigten Mauerhohlraum

Daten und Fakten

Lage: Florenz ist die Hauptstadt der Toskana, einer Region Mittelitaliens, und der Provinz Florenz.
Einwohner und Größe: Mit 377 000 Einwohnern (Großraum 1,5 Mio.) und einer Ausdehnung von 102 km^2 ist Florenz die achtgrößte Stadt Italiens.
Gründung und Blütezeit: Die römische Siedlung Florentia wird 59 v. Chr. gegründet. Im 14./15. Jh. wird Florenz zur stärksten Macht Mittelitaliens und die Medici werden eine der einflussreichsten Herrscherfamilien Europas. Die Stadt am Arno ist die Wiege der Renaissance. Davon zeugen u. a. die Bauten und Gemälde von Brunelleschi, Ghiberti, Michelozzo, Giotto, Ghirlandaio, Botticelli und Michelangelo Buonarroti.
Hauptstadt: Von 1865 bis 1871 war Florenz Hauptstadt des geeinten Italien.
Superlative: 1252 war Florenz die erste Stadt, die sich eine eigene Münze pressen ließ, den *fiorino d'oro*. 1445 wurde hier das erste Waisenhaus Europas eröffnet, das Spedale degli Innocenti (s. S. 57). Die Florentiner behaupten, ihr Calcio in Costume (s. S. 18) sei der älteste Vorläufer des modernen Fußballs.
Partnerstädte: Kassel und Dresden

Schlaglichter und Impressionen

Der Arno beschert Florenz im Winter wie im Sommer ein feuchtes Klima

dargestellt wurden und als Ersatz für Straßennamen dienten. Einige wurden im Mittelalter zu richtigen kleinen Altären. Zu Zeiten der Medici tauchten neue Maueröffnungen auf, diesmal mit einem Holztürchen. Sie waren eine Erfindung der schlauen Florentiner, die auch Weinfelder besaßen. Über das Loch in der Mauer verkauften sie ihren selbst gemachten Rebensaft direkt an Nachbarn und Passanten – ohne einen Händler bezahlen zu müssen. Eines dieser *tabernacoli del vino* ist an der Piazza degli Strozzi 1 zu besichtigen.

Wappen und Wahrzeichen

Die Lilie ist seit fast tausend Jahren das Wahrzeichen der Stadt. Auf dem Stadtwappen prangt sie rot auf weißem Hintergrund. Ursprünglich war die Farbgebung umgekehrt, wurde aber 1251 von den in der Stadt regierenden Guelfen, den Anhängern des Papstes, verändert, da diese von den Ghibellinen, den An-

hängern des Kaisers, beansprucht wurde. Nicht durchsetzen konnte sich 1809 Napoleon Bonaparte, der den dickköpfigen Florentinern ein neues Wappen mit einer Lilie auf einer grünen Wiese und drei Bienen aufzwingen wollte. Sein Dekret wurde einfach nie ausgeführt.

Das Stadtwappen von Florenz

Geschichte, Gegenwart, Zukunft

Von den Römern bis zum Mittelalter

Die Geschichte der Stadt Florenz begann 59 v. Chr., als der Ort als Kolonialstadt zu Füßen der weitaus bedeutenderen Etruskerstadt Fiesole angelegt wurde. Florentia im fruchtbaren Arno-Tal war ursprünglich eine Veteranenkolonie und unterschied sich kaum von den zahlreichen anderen römischen Kolonialstädten – es besaß ein Forum, einen kapitolinischen Tempel, ein Theater, ein Amphitheater und zwei Thermen.

Erst nach der Jahrtausendwende begann eine erste Blütezeit. Damals entstanden die Bauten der Protorenaissance: das Baptisterium, San Miniato al Monte und SS. Apostoli. In dieser Zeit wurde Florenz von Kaiser, Papst und Markgrafen gleichermaßen umworben. 1115 war Florenz eine unabhängige Kommune, 1138 wurde die erste Regierung der Städterepublik ernannt. Über die meiste Macht verfügten damals der Klerus und die Kaufleute, die oft auch gleichzeitig Bankiers waren. Im frühen 13. Jh. standen in Florenz 167 Geschlechtertürme, in denen die reichen Patrizierfamilien lebten und sich über den Köpfen der normalen Bürger Gefechte lieferten. Ihre wirtschaftlichen Ziele verfolgten sie aggressiv und sie verkauften – dank der Unterstützung durch den Papst – ihre Wolle mit viel Erfolg auch auf den europäischen Märkten. 1282 übernahmen die reichen Kaufmanns- und Handwerkszünfte das Sagen in der Stadt und ihre Vorsteher, die *priori*, den Vorsitz in der Stadtverwaltung. Die Familien teilten sich in papsttreue Guelfen und kaisertreue Ghibellinen.

Von der Revolte der Ciompi zu den Medici

Um 1300 hatte Florenz den Höhepunkt seiner Grandezza erreicht. In der Stadt lebten 100 000 Menschen. Zum Vergleich: In Rom waren es 30 000, in London 50 000. Florenz war die erste Stadt, die eine eigene Goldmünze, den Goldflorin, prägte. 1348 reduzierte die Pest die Einwohner allerdings wieder auf 40 000. 1378 kam es zur Revolte der *ciompi*, der Wollarbeiter. Sie erkämpften sich für sechs Wochen die Regierungsmacht. Danach rissen die reichen Familien wieder das Ruder an sich. Seit Beginn des 15. Jh. wurde die Stadt von den Medici regiert, die reiche Kaufleute und Bankiers des Papstes waren. Cosimo der Ältere (1389–1464) war auch Humanist, Förderer der Kirche und der schönen Künste. Die anderen Medici waren eher typische Menschen der Renaissance. Sie liebten die Verschwendungssucht, wurden deshalb von fanatischen Glaubenskämpfern wie Girolamo Savonarola bekämpft und mehrmals aus der Stadt vertrieben. Unter Cosimo I. (1519–1574) gestaltete der Architekt und Maler Giorgio Vasari die Stadt vollkommen um. Im 18. Jh. starben die Medici aus.

Hauptstadt Italiens

Nach den Medici übernahmen die Geschlechter der Lorena und der Habsburg-Lothringer die Stadtregierung. Unter dem zweiten Großherzog Peter Leopold (1765–1790) entwickelte sich die Toskana zum Modell eines modernen Staates. Der aufgeklärte Fürst ließ Konvente schließen, Hospitäler vergrößern und schaffte Folter und Todesstrafe ab.

Geschichte, Gegenwart, Zukunft

Nach dem kurzen Intermezzo der napoleonischen Regierung (1799–1815) waren die Habsburger erneut an der Macht. Von 1865 bis 1871 war Florenz Hauptstadt des vereinten Italien. Nach der Volkszählung von 1861 betrug die Einwohnerzahl 114 500, also endlich wieder mehr als im Jahr 1300.

Der Faschismus fand in der traditionell roten Toskana nur wenige Anhänger. 1944 sprengten die deutschen Soldaten in Florenz alle Arno-Brücken in die Luft, nur der Ponte Vecchio wurde verschont. Die nächste Katastrophe war die Überschwemmung von 1966, bei der es 17 Tote gab. Viele der beschädigten Kunstwerke werden bis heute restauriert. Der letzte große Schock für die Florentiner war 1993 die Explosion einer Autobombe, wahrscheinlich ein Mafia-Anschlag. Fünf Menschen starben, die Accademia dei Georgofili und Teile der Uffizien wurden schwer beschädigt.

Verkehr der Zukunft

Der Verkehr ist für Florenz wohl das größte Problem. Smog und die Erschütterungen durch Fahrzeuge setzen den Kunstwerken unter freiem Himmel schwer zu. Das Projekt einer U-Bahn wird immer wieder verworfen. Geplant und bereits in Bau ist hingegen der unterirdische Bahnhof Firenze Belfiore, wo u. a. die neuen Hochgeschwindigkeitszüge abfahren sollen. Der neue Bahnhof, der wohl ähnlich umstritten ist wie das Projekt Stuttgart 21, soll sich auf 45 000 m^2 und über mehrere Etagen erstrecken und Ende 2016 eröffnet werden. Belfiore soll auch der wichtigste Kreuzungspunkt für ein neues Straßenbahnnetz aus drei Linien werden, von denen die erste bereits in Betrieb ist. Ein weiteres Investitionsprojekt ist der Parco della Musica e della Cultura, ein riesiger Komplex im Park Le Cascine, wo künftig der berühmte Maggio Musicale Fiorentino stattfindet.

Erschütterungen und Abgase setzen nicht nur den Figuren in der Loggia dei Lanzi zu

Reiseinfos von A bis Z

Anreise

… mit dem Flugzeug

Florenz wird von mehreren deutschen Großstädten direkt angeflogen, inzwischen auch von Billigfliegern. Weitere Verbindungen gibt es mit Umsteigen in Mailand. Eine Alternative zum Florentiner Flughafen Aeroporto Amerigo Vespucci ist der Aeroporto Galileo Galilei bei Pisa.

Aeroporto Amerigo Vespucci (▶ nördl. B 1): Der kleine Flughafen von Florenz liegt im Vorort Peretola, ca. 5 km vom Zentrum entfernt.

Information: Tel. 055 306 13 00 (Zentrale), Tel. 055 306 13 02 (vermisstes Gepäck), www.aeroporto.firenze.it.

Shuttle Bus: Die Ataf-/Sita-Linie Volainbus verbindet den Flughafen mit dem Busbahnhof Galleria am Hauptbahnhof Santa Maria Novella. In beiden Richtungen fährt der Bus alle 30 Min. 5.30–23 Uhr. Die Fahrzeit beträgt ca. 30 Min., der Preis 5 €. Fahrkarten gibt es direkt im Bus oder beim Zeitschriftenladen ›Giunti al Punto‹ im Flughafen. Infos: Tel. 800 42 45 00, www.ataf.net, Mo bis Fr. 8–19, Sa, So 8–13 Uhr .

Taxi: Die Fahrt ins Zentrum kostet zwischen 20 und 25 €. Hinzu kommt das Gepäck im Kofferraum mit 1 € pro Stück. Nachts und an Feiertagen muss mit einem Zuschlag von 5 € gerechnet werden. Lassen Sie sich nicht auf Touristenfänger ein, die am Ausgang im Flughafen stehen, sondern gehen Sie zum ausgeschilderten Taxistand.

Aeroporto Galileo Galilei (▶ Karte 4): Liegt 2 km von Pisa und ca. 80 km von Florenz entfernt und gehört zu den verkehrsreichsten Flughäfen Italiens.

Information: Tel. 050 84 93 00 (Fluginformation) oder Tel. 050 84 91 11 (Zentrale), www.pisa-airport.com.

Bahn: Der Flughafenbahnhof liegt außerhalb der Abflughalle. Die Züge verbinden täglich zwischen 6.30 und 22.30 Uhr den Flughafen mit dem Bahnhof Santa Maria Novella in Florenz. Die Fahrt dauert rund 1,5 Std. Einzelfahrscheine zu ca. 6 € (2. Klasse) erhält man bei der Touristeninformation in der Ankunfthalle des Flughafens, www.trenitalia.it.

Bus: Die Busse der Gesellschaft Terravision fahren täglich zwischen 8.48 und 23.35 Uhr zum Bahnhof Santa Maria Novella in Florenz (ca. 1 Std.) und zum Flughafen Amerigo Vespucci (ca. 70 Min.). Die einfache Fahrt zum Bahnhof kostet 6 €. Die Tickets werden in der Ankunftshalle des Flughafens verkauft, www.terravision.eu.

Taxi: Der Taxibetrieb steht rund um die Uhr zur Verfügung. Eine Fahrt ins Zentrum von Pisa kostet etwa 10 €, die Fahrt ins Zentrum von Florenz zwischen 100 und 150 €. Tel. 050 54 16 00

… mit der Bahn

Der **Hauptbahnhof** von Florenz, **Santa Maria Novella** (▶ D 3): ist mit vielen Städten Europas direkt verbunden. Wer sich nicht mit Urlaubsverkehr und Flugverspätungen herumärgern möchte, kann einen Schlaf- oder Liegewagen buchen (www.bahn.de, www.trenitalia.it).

… mit dem Auto

Wer mit dem Pkw anreist, kommt über die Strecken Brenner – Verona – Modena – Bologna oder Gotthard – Mailand – Modena – Bologna nach Florenz. Hier

Reiseinfos von A bis Z

ist der Verkehr auf der Ringstraße allerdings chaotisch und im Zentrum ist ein Auto nur eine Last (s. u.).

Einreisebestimmungen

Ausweispapiere: Bürger aus der EU und der Schweiz müssen einen gültigen Personalausweis oder Reisepass mitführen, Kinder und Jugendliche sollten ebenfalls einen eigenen Ausweis besitzen. Auch der vorläufige Personalausweis kann während seiner Geltungsdauer von drei Monaten verwendet werden. Der Führerschein, der in einem EU-Land ausgestellt wurde, gilt auch in Italien. Nicht-EU-Bürger benötigen zusätzlich eine in Italien gültige Fahrerlaubnis. Die Mitnahme der internationalen grünen Versicherungskarte ist empfehlenswert.

Ein- und Ausfuhr: EU-Bürger können Waren für ihren persönlichen Bedarf ein- und ausführen. Für Nicht-EU-Bürger sind die zollfreien Mengen auf 200 Zigaretten und 1 l Spirituosen oder 2 l Wein begrenzt. Die Ein- und Ausfuhr von Waffen (auch Verteidigungssprays u. Ä.) und Rauschgift ist streng verboten.

Haustiere: Verlangt wird ein Gesundheitspass und die eindeutige Identifizierung des Tieres durch einen Mikrochip oder eine Tätowierung. Im Pass muss ausgewiesen sein, dass eine Tollwutimpfung durchgeführt wurde.

Feiertage

1. Jan.: Neujahr
6. Jan.: Heilige Drei Könige (Befana)
Ostermontag
25. April: Tag der Befreiung vom Faschismus, Ende des Zweiten Weltkriegs
1. Mai: Tag der Arbeit
1. Sonntag im Juni: Tag der Republik
24. Juni: Fest des Stadtpatrons San Giovanni
15. Aug.: Mariä Himmelfahrt
1. Nov.: Allerheiligen
8. Dez.: Unbefleckte Empfängnis
25. Dez.: Weihnachten
26. Dez.: zweiter Weihnachtsfeiertag (Santo Stefano)

Besser ohne Auto

Mit dem Auto kann man in Florenz wenig anfangen. Es ist eine der wenigen italienischen Städte, deren Innenstadt für auswärtige Autos fast komplett gesperrt sind: Das Zentrum ist **Zona di Traffico Limitato,** kurz ZTL. Anwohner und Geschäftsinhaber können für die verkehrsberuhigten Straßen und Plätze Ausnahmeregelungen beantragen, sodass ein gewisser Verkehrspegel immer bestehen bleibt. Touristen dürfen aber die Hotels in der ZTL nur zum Be- und Entladen bzw. bis zum Hotelparkplatz anfahren. Die historischen Stätten wie Piazza della Signoria, Piazza del Duomo oder Ponte Vecchio sind ganz für den Verkehr gesperrt. Parkmöglichkeiten gibt es nur in Parkhäusern oder auf gebührenpflichtigen und meist teuren Parkplätzen. Es wird pro Stunde abgerechnet und diese kostet zwischen 1,50 und 3 €. Eine bessere Alternative ist es, das Auto während des Aufenthalts in der Stadt auf einem Parkplatz außerhalb der Altstadt abzustellen. Hier bieten sich der Parkplatz Parterre (▶ G 1) oberhalb der Piazza della Liberta oder der Großparkplatz Fortezza Fiera (▶ D 2) zwischen Hauptbahnhof und Fortezza da Basso an.

Reiseinfos von A bis Z

Feste und Festivals

Musik, Theater und Kunst s. auch S. 110
Epifania: 6. Jan. Umzug der Heiligen Drei Könige in altflorentinischen Kostümen. Früher fand am Tag der Befana, der guten Weihnachtshexe, auch die Bescherung für die italienischen Kinder statt. Heute bekommen sie Strümpfe voller Süßigkeiten, u. a. mit Kohlestücken aus Zucker.
Florentiner Neujahrsfest: 25. März. Dieses kirchliche Fest wird seit dem 8. Jh. neun Monate vor der Geburt Christi mit einem Umzug im Zentrum gefeiert.
Scoppio del Carro: Ostersonntag. Geleitet von einem Festzug in historischen Kostümen, wird ein riesiger Holzkarren von einem weißen Ochsen von der Kirche SS. Apostoli zum Dom gezogen. In dem Karren befindet sich ein brennendes Kohlebecken als Symbol für das Heilige Feuer. Nach der Messe, um 11 Uhr, fliegt eine künstliche Taube aus dem Altar, am Karren entzündet sich ein Feuerwerk. Nach alter Tradition fliegt die Taube zum Altar zurück, als gutes Omen für die nächste Ernte. Dieses Ritual wird in Florenz seit dem 12. Jh. begangen.
Mostra dei Fiori: Ende April/Anfang Mai. Die traditionelle Blumenausstellung fand früher auf der Piazza della Signoria statt, heute kann man sie im Giardino dell'Orticultura besuchen.
Mostra Mercato Internazionale dell'Artigianato: Ende April/Anfang Mai. Auf der Verkaufsmesse in der Fortezza da Basso zeigt das Florentiner Kunsthandwerk u. a. Lederwaren, Glasobjekte, Kunstdrucke, Keramiken und Arbeiten aus Holz.
Festa del Grillo: Anfang Mai. Das Fest der Grille im Stadtpark Le Cascine ist heute eine Art Volksfest, bei dem künstliche Grillen im Käfig verkauft werden. Früher war die Grille echt und ein Geschenk für die Angebetete, damit sie Letzterer ein Ständchen brachte.
Itinerari Sconosciuti: Mai–Juli. Kirchen, Paläste und andere historische Gebäude, die normalerweise nicht zu besichtigen sind, werden der Öffentlichkeit zugänglich gemacht.
Calcio in Costume: Ende Juni. Auf der Piazza Santa Croce tragen vier Mannschaften in mittelalterlichen Kostümen für ihre Viertel ein Turnier in dieser historischen Sportart aus, die eine Mischung aus Fußball und Rugby ist.
Palio Remiero di San Giovanni: 21. Juni. Drei Tage vor dem Fest des Stadtpatrons messen sich die vier historischen Stadtviertel im Wettrudern auf dem Arno.
Festa di San Giovanni: 24. Juni. Der Festtag des Stadtpatrons beginnt mit einer Prozession von der Via del Corso zum Baptisterium in historischen Kostümen. Am Abend gibt es ein Feuerwerk auf der Piazzale Michelangelo.
Florence Dance Festival: Juli–Aug. Klassischer und Moderner Tanz in unterschiedlichen Theatern und Veranstaltungsorten.
Festa della Rificolona: 7. Sept. Laternenumzug am Vorabend von Mariä Geburt zur Piazza Santissima Annunziata mit Volksfest in der Altstadt.

Fundbüro

Ufficio dei oggetti smarriti (▶ A 1): Via Veracini 5, Tel. 055 33 48 02, Bus: 17, 29, 30, 35, 60, Mo, Mi, Fr 9–12.30, Di, Do 9–12.30, 14.30–16.30 Uhr.

Gesundheit

Wer in einem EU-Land oder in der Schweiz bei einer gesetzlichen Kran-

Reiseinfos von A bis Z

kenkasse versichert ist, wird mit seiner Europa Health Insurance Card (EHIC) in Italien kostenlos im Krankenhaus versorgt. Private Arztrechnungen sind vor Ort zu bezahlen, die Versicherungen erstatten die Kosten – oder einen Teil davon – gegen Vorlage. Wer sich gegen jedes Risiko einer Zuzahlung versichern will, kann eine Reisekrankenversicherung abschließen. Adressen deutschsprachiger Ärzte können bei der Botschaft erfragt werden. Notfalldienste und geöffnete Apotheken stehen auch in der Tageszeitung »La Nazione«.

Notfallversorgung: Im Notfall hat in Italien grundsätzlich jeder ein Recht darauf, behandelt zu werden, auch wenn er keine Versicherungskarte vorweisen kann. Wenden Sie sich am besten an das nächstgelegene **Krankenhaus mit Notaufnahme** *(pronto soccorso)*. Wer schnell eine Ambulanz braucht, wählt die Nummer 118. Auf **Kinder** spezialisiert ist das Krankenhaus Azienda Ospedaliera Universitaria Meyer (▶ nördl. E 1), Viale Pieraccini 24, Tel. 055 566 21, www.meyer.it, Bus 8, 14, 40, 43. Es gibt auch einen **medizinischen Dienst für Touristen** (▶ F 2) in der Via Lorenzo Il Magnifico 59, Tel. 055 47 54 11, Bus 8, 12, 13, 20. Dieser Service wird gegen Bezahlung gewährt. Englisch, Deutsch und Französisch sprechende Ärzte stehen zur Verfügung.

Apotheken: Das Erkennungszeichen von Apotheken *(farmacie)* ist ein grünes, meist beleuchtetes Kreuz. Der Notdienstplan wird täglich in den Zeitungen bekannt gegeben. An jeder Apotheke ist die nächstgelegene Notapotheke durch Aushang ausgewiesen. Apotheken mit 24-Stunden-Service: **Farmacia Molteni** (▶ F 5), Via dei Calzaiuoli 7r, Tel. 055 21 54 72, Bus C1, C2; **Farmacia Comunale** (▶ D 3), im Hauptbahnhof Santa Maria Novella, Piazza della Stazione, Tel. 055 21 13 43.

Informationsquellen

Ente Nazionale Italiano per il Turismo (ENIT)
www.enit-italia.de (bzw. .at, .ch)
Prospekte können auf der website bestellt werden.

Informationsbüros im Ausland
60325 Frankfurt/Main
Barckhausstr. 10, Tel. 069 24 24 87 90, Fax 069 23 28 94, frankfurt@enit.it.
1010 Wien
Mariahilferstr. 16, Tel. 01 505 16 39, Fax 01 505 02 48, vienna@enit.it.
8001 Zürich
Uraniastr. 32, Tel. 01 211 36 33, Fax 01 211 38 85, zurich@enit.it.

Touristeninformation in Florenz
Agenzia per il Turismo di Firenze (APT): Via Cavour 1r (▶ F 4), Tel. 055 29 08 32, 055 29 08 33, www.firenze turismo.it, Bus: 14, 23, C1, Mo–Sa 8.15–19.15 Uhr. Auskünfte, Zimmervermittlung, Fahrkarten für den öffentlichen Nahverkehr, Infos über Veranstaltungen, Stadtrundfahrten und Sprachkurse.
– Via Manzoni 16 (▶ H 4), Tel. 055 233 30, Bus: 6, 8, 12, 13, 14, 23, C2, C3, Mo–Fr 9– 13 Uhr.
– Aeroporto Amerigo Vespucci, Ankunftshalle, Tel. 055 31 58 74, tgl. 8.30–20.30 Uhr.
Ufficio Informazione Turistica Comune di Firenze (Touristeninformation der Gemeinde Florenz): Piazza Stazione 4a, am Busbahnhof (▶ D 3), Tel. 055 046 12 18, www.comune.fi.it (›Information for Tourists‹ anklicken), Mo–Sa 8.30–19, So 9–14.30 Uhr.
– Borgo Santa Croce 29r (▶ G 5), Tel. 055 234 04 44, Mo–Sa 9–19 (Nov.–März 9–17), So 9–14 Uhr.

Reiseinfos von A bis Z

Der Umwelt zuliebe – nachhaltig reisen

Die Umwelt schützen, die lokale Wirtschaft fördern, intensive Begegnungen ermöglichen, voneinander lernen – nachhaltiger Tourismus übernimmt Verantwortung für Umwelt und Gesellschaft. Die folgenden Webseiten geben einige Tipps, wie man seine Reise nachhaltig gestalten kann, und bieten Hinweise auf entsprechende Reiseangebote in der ganzen Welt.
www.tourism-watch.de: Vierteljährlicher Newsletter mit Hintergrundinformationen zum Tourismus weltweit und Themenseiten zu Kultur, Religion und Menschenrechten im Tourismus.
www.zukunft-reisen.de: Das Portal des Vereins Ökologischer Tourismus in Europa erklärt, wie man ohne Verzicht umweltverträglich und sozial verantwortlich reisen kann.
Florenz ›nachhaltig‹: Bei einer Reise in die toskanische Hauptstadt können Sie das Auto getrost zu Hause lassen. In der historischen Altstadt bewegt man sich am besten zu Fuß, mit dem Fahrrad oder kleinen Elektrobussen. Das gut funktionierende Busnetz reicht nicht nur bis zu den Vorstadtvierteln, sondern auch in die Umgebung bis Fiesole. Auf den Wochenmärkten bekommen Sie Obst, Gemüse, Wurst und Käse aus der Region, immer öfter auch mit dem Zertifikat *coltivazione biologica*.

Im Internet
Landeskennung Italien: .it
www.firenzeturismo.it: Auf der offiziellen Website der APT wird man auf Italienisch und auf Englisch über Sehenswürdigkeiten, Führungen, praktische Tipps, Veranstaltungen und das Wetter informiert.
www.comune.fi.it: Die Stadtverwaltung informiert über ihre Politik, aktuelle Probleme und Projekte, städtische Einrichtungen, öffentliche Verkehrsmittel, die aktuelle Verkehrslage u. a. Es gibt auch touristische Informationen, zum Teil auf Deutsch.
www.aboutflorence.com: Gut gemachte englischsprachige Website mit einem breiten Spektrum an Informationen. Beschränkt sich nicht auf touristische Informationen, sondern gibt auch lebenspraktische Tipps. Man findet Adressen von Sprachschulen ebenso wie von Waschsalons.
www.firenzespettacolo.it: Online-Version des Veranstaltungsmagazins. Aktuelle Infos zu Kino, Theater, Konzerten, Festen, Restaurants, Kneipen und Veranstaltungen für Kinder.
www.florencetouristguide.it: Die Vereinigung autorisierter Stadtführer bietet Stadtrundgänge zu den Highlights von Florenz, Ausflüge nach Fiesole sowie Führungen in allen Museen und Galerien für Einzelpersonen und Gruppen an. Die Führer sprechen mehrere Sprachen und sind zum Teil Kunsthistoriker und Archäologen. Der klassische Stadtrundgang dauert etwa drei Stunden.

Klima und Reisezeit

Das Klima von Florenz ist nicht das beste. Denn die Stadt liegt im Kessel des Arno-Tals – deshalb ist es im Sommer oft schwül und es herrscht hohe Luftfeuchtigkeit. Die schönsten Reisezeiten sind der Frühling von März bis Juni und der Herbst (Sept./Okt.). Ende Juni/Juli steigen die Besucherzahlen. Im August,

Reiseinfos von A bis Z

wenn auch die Italiener Ferien haben, sind etliche Restaurants und Geschäfte geschlossen.

Im Winter haben Museumsliebhaber ihre Ruhe, sie sollten sich allerdings warm anziehen, denn das Klima ist feucht-kalt (Dez.–Febr. zwischen 8 und 10 °C) und nicht alle Innenräume sind geheizt. Sehenswert ist auch die weihnachtlich geschmückte Stadt.
Wetterauskunft: www.wetteronline.de/Italien/Florenz.htm

Öffnungszeiten

Es gibt in Italien keine allgemein gültigen Öffnungszeiten. In Florenz gilt die Faustregel: Mo–Sa 9–13 und 15.30–20 Uhr (Sommer) bzw. bis 19.30 Uhr (Winter). Aber die Öffnungszeiten können sich oft von einer Woche zur anderen ändern. Große Geschäfte in der Innenstadt haben durchgehend und zum Teil auch am Sonntag geöffnet. Viele Läden sind montagmorgens geschlossen, Lebensmittelläden und Supermärkte schließen mittwochnachmittags (Winter) oder samstagnachmittags (Sommer).
Hauptpostamt (▶ E 5): Via Pelliceria 3 bei der Piazza della Repubblica, Bus: C2, Mo–Fr 8.15–19, Sa 8.15–13.30 Uhr.

Reisen mit Handicap

Menschen mit Behinderungen haben in Italien per Gesetz freien Eintritt in staatliche Museen, Ausstellungen und Ausgrabungsstätten. Dies gilt auch für die Begleitperson, sofern sie zur Familie oder einer staatlichen Einrichtung gehört. Die Website www.turismopertutti.it gibt einen Überblick über behindertengerechte Einrichtungen in Italien, auch in deutscher Sprache.

Einige, aber nicht alle Museen, Kirchen und Sehenswürdigkeiten in Florenz sind mit Behinderten-WCs, Rampen und Aufzügen ausgestattet. Für Rollstuhlfahrer ist es anstrengend, sich auf den Florentiner Straßen mit Kopfsteinpflaster, schmalen Gehwegen und parkenden Autos zu bewegen. Deshalb versucht die Stadtverwaltung, die Fortbewegung anders zu organisieren.

Für Personen mit Handicap gilt das Fahrverbot im Zentrum nicht. Sie müssen aber mindestens 24 Std. vorher eine Erlaubnis beantragen, Tel. 800 33 98 91 oder 800 42 45 00. Die meisten Stadtbusse sind inzwischen behindertengerecht ausgestattet. Bei der Busgesellschaft Ataf (www.ataf.net) kann ein Service mit dem Mini-Bus beantragt werden, Tel. 055 565 04 86. Aktuelle Informationen gibt es in den Büros der Tourismusagentur APT und auf deren Website www.firenzeturismo.it (auf ›Informazioni turistiche‹ und ›Con disabilità motoria‹ klicken).

Einen speziellen Service bieten auch die Taxi-Genossenschaften So.Co.Ta. und Co.Ta.Fi. (s. S. 24).

Klimadiagramm Florenz

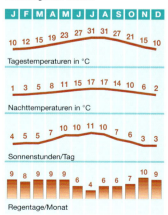

Reiseinfos von A bis Z

Sicherheit und Notfälle

Florenz ist keine gefährliche Stadt, doch auf Taschendiebe muss man achtgeben, vor allem auf dem Ponte Vecchio, in der Via dei Cerretani (vom Hauptbahnhof zum Dom), auf den Touristenmärkten San Lorenzo und Mercato Nuovo und vor den Uffizien. Neben den Taschendieben, den sog. Samthänden, die Taschen unbemerkt öffnen und Portemonnaies und Fotoapparate herausfingern, sind mittlerweile viele Kinderbanden unterwegs, die ihr Opfer umringen, ablenken und im Handgemenge bestehlen. Tasche oder Rucksack sollten immer vorn getragen werden. Das erschwert auch Dieben auf Mofas und Vespa-Rollern ihr Handwerk. Abends sind Bahnhofsgegend und Park Le Cascine zu meiden. Autos nicht auf unbewachten Plätzen parken!
Polizei: Tel. 055 328 33 33. Die Florentiner Polizei hat für Unfälle und Notfälle eigens diese Nummer eingerichtet, die rund um die Uhr gewählt werden kann. Anzeige kann man erstatten beim **Comando Provinciale Carabinieri** (▶ D 4), Borgo Ognissanti 48, Tel. 055 27 66 1, oder beim **Commissariato di Polizia** (▶ G 4), Via Pietrapina 50r (Piazza dei Ciompi), Tel. 055 20 39 11.

Wichtige Notrufnummern:
Allgemeiner Notruf: 112, **Polizei:** 113, **Feuerwehr:** 115, **Ambulanz:** 118, **Tourist Medical Service:** 055 47 54 11 (Via Lorenzo Il Magnifico 59), **Sperren von Kreditkarten:** Tel. 0049 11 61 16.

Konsulate
Honorarkonsulat der Bundesrepublik Deutschland (▶ F/G 5): Corso dei Tintori 3, Tel. 055 234 35 43, Bus: 23, C3.
Konsulat der Republik Österreich (▶ C 4): Lungarno Vespucci 58, Tel. 055 265 42 22, Bus: 6, D, C3.
Konsulat der Schweiz (▶ F 8): Piazzale Galileo Galilei 5, Tel. 055 22 24 34, Bus: 12, 13, 38.

Sport und Aktivitäten

Fitness und Wellness
Ricciardi: ■ **G 3**, Borgo Pinti 75, Tel. 055 247 84 44, www.palestraricciardi.it, Bus: C1, C2, 14, 23, 31, 32, Mo–Fr 8–22.30, Sa 19.30–18.30, So 10–14.30 Uhr. Liegt im Norden des Viertels Santa Croce und ist sowohl das größte als auch das älteste Fitness-Center der Stadt. Auch Laufbänder, Sauna und Massagen.
Centro Benessere Soulspace: ■ **Karte 2, G 4**, Via S. Egidio 12, Tel. 055 200 17 94, www.soulspace.it, Bus: 14, 23, C1, tgl. 10–20 Uhr. Bietet Wellness aller Art: Massagen – auch für zwei –, türkisches Bad, Aromatherapie, Sauna u. a.

Golf
Centro Golf Ugolino: ■ östl. **K 6**, Via Chiantigiana 3, Impruneta, Tel. 055 230 11 21, www.golfugolino.it. Die 18-Loch-Anlage liegt rund 10 km entfernt im Süden von Florenz. An manchen Wochenenden, wenn Turniere stattfinden, ist der Platz nicht für die Öffentlichkeit zugänglich.

Reiseinfos von A bis Z

Joggen

Wer die Autofahrt aus der Stadt ins Grüne vermeiden möchte, joggt morgens – solange sich der Smog-Pegel noch in Grenzen hält – entlang der Uferstraßen des Arno. Ruhiger sind die Wege im Cascine-Park (▶ A/B 2/3), im Giardino di Semplici (▶ F/G 3) und die Straßen hinauf zum Forte di Belvedere (▶ E 6/7). Im Nov./Dez. gibt es in der Stadt einen Marathonlauf.

Schwimmen

Piscina Comunale Bellariva: ◼ **östl. K 6,** Lungarno Aldo Moro 6, Tel. 055 67 75 21, Bus: 14. Öffnungszeiten Juni–Sept. Di–Do 10–18, Mo 14–18 Uhr, Okt–Mai Sa, So 9.30–13 Uhr, 7 €, erm. 5 €. Sicheres Baden und Schwimmen für kleinere und größere Kinder gewährleistet das Hallen- und Freibad am Arno-Ufer. Es gibt ein Olympiabecken für Schwimmer und im Sommer eine Liegewiese mit Schattenplätzen.

Telefon

Die frühere Ortsvorwahl (für Florenz 055) ist inzwischen fester Bestandteil der Rufnummer. Sie wird also auch bei Ortsgesprächen mitgewählt.

Bei Telefonaten aus Italien nach Deutschland (Vorwahl 00 49), Österreich (00 43) und in die Schweiz (00 41) entfällt die erste 0 der Ortsvorwahl. Bei Telefonaten aus dem Ausland nach Italien (Vorwahl 00 39) wird die italienische Rufnummer vollständig, d. h. bei Festnetznummern einschließlich der ersten 0, gewählt (für Florenz 00 39 055 …).

Die immer seltener werdenden Telefonzellen funktionieren zum Teil noch mit Münzen, ansonsten aber mit Telefonkarten *(carta telefonica* oder *scheda telefonica)* oder Kreditkarten. Telefonkarten gibt es in Tabakläden *(tabacchi)*, in Zeitungsgeschäften, in Bars, in der Post, an manchen Hotelrezeptionen und an Autobahntankstellen. Vor dem Gebrauch der Telefonkarte muss die perforierte Ecke geknickt werden. Telefonkarten für Gespräche ins Ausland kosten rund 15 € und haben eine Gesprächsdauer von bis zu sechs Stunden, wenn man in Europa telefoniert. Diese Karten werden nicht ins Telefon gesteckt, sondern man wählt die kostenlose Nummer, die auf ihnen vermerkt ist, und gibt anschließend die ebenfalls auf die Karte aufgedruckte Geheimnummer ein.

Eine allgemeine Nummer für die Auskunft gibt es nicht mehr, besser sucht man seine Nummer online unter www.paginebianche.it.

Was den Mobilfunk betrifft, so existieren Roaming-Verträge mit T-Mobile, Vodafone, E-Plus und O2.

Unterwegs in Florenz

Stadtbusse

In Florenz fahren 85 Busse der Gesellschaften Azienda Trasporti Area Fiorentina (ATAF), die man jedoch, wenn man im Stadtkern untergebracht ist, kaum braucht. Nach Mitternacht bis etwa 5.30 Uhr übernehmen Nachtbusse den Service (Linien R, S1, S3, SC, SF). Umweltfreundliche Elektrobusse verkehren in den engen Straßen des historischen Stadtkerns (Linien C, D). An allen Bushaltestellen sind Liniennummern und der Streckenverlauf angebracht. Exakte Fahrpläne mit Uhrzeiten gibt es aber in der Regel nicht. Der Plan des Busnetzes ist im Fremdenverkehrsbüro und im Infobüro der ATAF erhältlich. Zu den touristisch wichtigsten Linien gehören:

Linie 6: Via Novelli – Ospedale Torregalli

Reiseinfos von A bis Z

Linie 7: Via Cavour – S. Domenico – Fiesole
Linie 12/13: Hauptbahnhof – Piazzale Michelangelo
Linien C1, C2, C3, D: historische Altstadt
Fahrscheine: Tickets *(biglietti)* gibt es am Automaten, in Tabakläden, in Bars mit dem orangefarbenen ATAF-Zeichen und am ATAF-Schalter in der Stazione Santa Maria Novella. Sie gelten 90 Min. und kosten 1,20 € (2 € im Bus, nicht immer möglich). Für einen Block mit vier Einzeltickets zahlt man 4,70 €, für eine 24-Std.-Karte 5 € und für eine 3-Tages-Karte 12 €. Die *biglietti* sind nach dem Entwerten am Automaten im Bus gültig.

Bequem ist die Chipkarte Agile Card: Sie ist für 10 € (10 Tickets gespeichert) oder 20 € (20 Tickets) bzw. 30 € (35 Tickets) zu bekommen und der jeweilige Wert wird an einem Automaten im Bus abgebucht. Man kann die Tickets auch per SMS bezahlen, indem man an die Nummer 0039 994 12 64 das Wort ATAF sendet. Dazu muss man sich aber vorher mit einer Kreditkarte auf der Website www.bemoov.it registrieren. Schwarzfahrer zahlen bis zu 50 € Bußgeld.
Infos: ATAF-Informationsbüro am Hauptbahnhof, Tel. 800 42 45 00, www.ataf.net, Mo–Fr 7.30–19.30, Sa 7.30–13.30 Uhr.

Überlandbusse

Das Unternehmen SITA fährt nach Siena, San Gimignano, Volterra und in die Orte des Chianti-Gebietes (Busbahnhof in der Via S. Caterina da Siena, www.sitbus.it). Die Firma Lazzi ist nach Pisa und Lucca und zu anderen Orten westlich der Stadt unterwegs (Busbahnhof an der Piazza Adua, www.lazzi.it).

Straßenbahn

Derzeit ist ein Straßenbahnnetz mit drei Linien in Bau. Die erste Linie ist bereits in Betrieb und fährt von der Stazione Santa Maria Novella zum Vorort Scandicci. Die anderen beiden Linien sind noch im Projektstadium (www.aboutflorence.com/tramvia-in-florence.html).

Taxis

Taxistände finden sich an allen wichtigen Plätzen, so am Hauptbahnhof, an der Piazza della Signoria und an der Piazza Repubblica. Startgebühr *(inizio corsa)* tagsüber 3,30 €, 22–6 Uhr 6,60 €, So und Feiertage 5,30 €, Gepäck (bis zu 5 Stücken) 1 € pro Stück. Weitere Informationen bei den Genossenschaften der Taxifahrer: Societa Cooperativa Tassisti, www.socota.it (auch auf Englisch). Radio-Taxi: Tel. 055 47 98 und 055 42 42 und Co.Ta.Fi., Tel. 055 43 90 und 055 44 99.

Nahverkehrszüge

Die Stadt Florenz und ihre Vororte verfügen über ein dichtes Netz von kleinen Bahnhöfen. Die drei großen Bahnhöfe sind der Hauptbahnhof, Firenze Rifredi und Firenze Campo di Marte. Wichtig: Vor der Fahrt muss man das Ticket am Automaten vor dem Bahnsteig abstempeln. Sonst wird bei der Kontrolle ein Bußgeld fällig.

Mietwagen

Alle großen Verleihfirmen verfügen über Filialen in der City und am Flughafen. Meist ist es günstiger, wenn man im Voraus bucht. Achtung: Die Versicherungsbedingungen sind in der Regel schlechter als in Deutschland.
Avis (▶ D 4): Borgo Ognissanti 128r, Tel. 055 21 36 29, Bus 13, C3, D; am Flughafen Amerigo Vespucci, Tel. Tel. 055 306 15, www.avisautonoleggio.it.
Hertz Italiana (▶ D 4): Via Maso Finiguerra 33r, Tel. 055 28 22 60, Bus 13, C3, D; am Flughafen Vespucci, Tel. 055 30 73 70, www.hertz.it.

Reiseinfos von A bis Z

Mit Rad und Roller durch Florenz

Mit den verkehrsberuhigten Zonen nehmen in der City auch die Fahrradfahrer zu. Wo die Verkehrsberuhigung endet, ist der Verkehr in den engen Straßen allerdings chaotisch und nichts für ungeübte Radfahrer. Die Stadtverwaltung baut deshalb das Netz der Radwege aus, das derzeit rund 70 km lang ist (www.pisteciclabili.com/commune.firenze). Weitere Infos zur Fahrradstadt Florenz gibt es auf www.firenzecittaciclabile.org.
Private Verleiher bieten Räder, Roller und Touren in der Gruppe an.
Florence by Bike: ■ **F 2,** Via San Zanobi 54r, Tel. 055 48 89 92, www..florencebybike.it, Bus: 12, Mo–Fr 9–13, 15.30–19.30, Sa 9–19, So 9–17 Uhr. Verleiht zehn verschiedene Radtypen stunden- und wochenweise. Außerdem werden Radtouren mit Mountainbikes nach Fiesole und in das Chianti-Gebiet angeboten.
I bike Florence: ■ **Karte 2, F 5,** Via de' Lamberti 1, Tel. 055 28 11 03, www.florencetown.com, Bus: C2, tgl. 8–20 Uhr. Bietet Stadttouren und Exkursionen in der Umgebung an – alles ausschließlich mit dem Rad.
Segway Firenze: ■ **Karte 2, F 5,** Via Guelfa 14r, Tel. 055 28 56 00, www.segwayfirenze.it, Bus: C1, C2, tgl. 9–21 Uhr. Begleitete Touren quer über die schönsten Plätze der Stadt. Über Kopfhörer werden die Touren kommentiert. Vorher muss man ein Sicherheitstraining absolvieren. Die Touren finden bei jedem Wetter statt, bei Regen mit Regenumhängen. Auch Touren mit Cruiser Bikes. 1 Std. 19 €, 1 Tag 69 €.

Sixt (▶ D 4): Borgo Ognissanti 96r, Tel. 055 264 89 10, Bus 13, C3, D; am Flughafen Vespucci, Tel. 055 30 97 90, www.sixt.it.www.sixt.it

Stadtführungen
Associazione Guide Turistiche Fiorentine: ■ **Karte 2, G 5,** Via Verdi 10r, Tel. 347 737 83 74, www.guidesinflorence.it. Preise je nach Gruppengröße, z. B. Halbtagesführung für Gruppen bis zu 8 Pers. (max. 3 Std.) 125 €; auch Touren auf Deutsch, dann 30 € teurer.
Centro Guide Turismo: ■ **Karte 2, G 5,** Via Ghibellina 110r, Tel. 055 28 84 48, www. centroguidetoscana.it. Halbtagesführung für Gruppen bis zu 8 Pers. (max. 3 Std.) 140 €.
Walking Tours: ■ **Karte 2, E 5,** Via Sassetti 1, Tel. 055 264 50 33, www.italy.artviva.com. Die Tour Florence in One Day (ca. 100 € pro Pers.) besteht aus drei Führungen, die auch einzeln gebucht werden können. The Original Florence Walk zu 29 €.

Stadtrundfahrten
Seit ein paar Jahren gibt es auch in Florenz offene Touristen-Doppeldeckerbusse. Das Hop-on-hop-off-Ticket bietet die Möglichkeit, auf zwei Routen an allen Haltestellen beliebig ein- und auszusteigen. Route A startet an der Stazione Santa Maria Novella und führt bis zur Piazzale Michelangelo (1 Std.). Route B beginnt auch an der Stazione Santa Maria Novella und geht nach Fiesole (2 Std.). Die Sehenswürdigkeiten werden über Kopfhörer erklärt (auch auf Deutsch). Die Karten gibt es im Bus und in vielen Hotels. Route A: tgl. 9–19/23 Uhr alle 30 Min., Route B 10–19/21 Uhr alle 60 Min., www.firenze.city-sightseeing.it, Ticket 25 €, erm. 12,50 €, gilt 48 Std. für beide Touren.

15 x Florenz direkt erleben

Auf der Piazza Signoria und in dem mächtigen Palazzo Vecchio haben die Florentiner über die Geschicke ihrer Stadt entschieden. Heute ist der Platz ein Museum unter freiem Himmel. Auch wir verweilen hier, um danach weiter auf Entdeckungstour in der Renaissance-Stadt zu gehen.

1 | Der Nabel der Welt – Treffpunkt Ponte Vecchio

Karte: ▶ E/F 5/6 | **Bus:** C3, D

Wer kennt sie nicht, die Brücke mit den verschachtelten Häuschen, die wie Vogelnester über den glitzernden Wellen des Arno hängen? Hier treffen sich Touristen aus aller Welt und bei Sonnenuntergang romantische Liebespaare. Die Auslagen der Schmuckgeschäfte ziehen – trotz allbekanntem Touristennepp – ebenso viele Besucher an wie der Nervenkitzel, auf einer der ältesten Brücken Europas zu stehen.

Das Erinnerungsfoto auf dem **Ponte Vecchio** 1 lässt sich kein Florenz-Besucher entgehen. Es existiert schon millionenfach und wird noch millionenfach geknipst werden. Aber das tut seinem Reiz keinen Abbruch. Auf dem schmalen Übergang zwischen den Holzvitrinen der berühmten Schmuckgeschäfte herrscht dichtes Gedränge. Das Sprachgewirr übertönt mitunter sogar die Musik der Straßenkünstler. Die Juweliere sind auf den Andrang bestens vorbereitet. Sie verkaufen Kleinodien jeder Preisklasse: vom versilberten Miniatur-Dom bis zu feinzisilierten Goldohrringen. Von Frühjahr bis Herbst gehört der Ponte Vecchio den Touristen. Nur an regnerischen Wintertagen erobern die Florentiner »ihre« Brücke zurück. Sie schauen dann meist besorgt auf den Fluss Arno hinunter, der mit dem Regen anschwillt und die Stadt schon mehrmals überschwemmt hat. Das letzte große Hochwasser, das die Innenstadt verwüstete, war 1966.

Die erste Brücke wurde hier, an der schmalsten Stelle des Arno, bereits zu römischer Zeit errichtet. Diese und andere, die folgten, rissen die Wasserfluten fort. Die Brücke, wie sie heute steht, stammt aus dem Jahr 1354. Die Konstruktion der stabilen Flachbögen war eine architektonische Neuheit und Vorbild für andere Bauten wie die Rialto-Brücke von Venedig. 1442 wurde der Ponte Vecchio den Schlachtern und Enthäutern der Stadt zugeteilt, um die

1 | Ponte Vecchio

Straßen des Zentrums von Fleischabfällen und üblen Gerüchen zu befreien. Um mehr Platz zu haben, bauten die Fleischer hinter den Ladenräumen jene Häuschen an, die heute so charakteristisch sind.

Der Vasari-Gang 2

1565 ließ Cosimo de' Medici, Stadtregent und Kunstmäzen, einen Verbindungsgang vom Regierungssitz Palazzo Vecchio zum Palazzo Pitti, dem damaligen Wohnsitz der Medici-Familie, bauen. Der Gang – benannt nach seinem Erbauer Giorgio Vasari – führte durch die Uffizien und über den Ponte Vecchio, wo er bis heute über den Dächern der Geschäfte verläuft. Der Ausgang liegt in den Boboli-Gärten bei dem Wandbrunnen des dickbäuchigen Bacchus. Da den Medici bei ihrem Gang über die Brücke der Schlachthofgeruch zu sehr in die Nase stieg, tauschten sie die Fleischer 1593 kurzerhand gegen eine feinere Zunft aus: die Goldschmiede, die bis heute die Herren der Brücke sind.

Leider kann der Vasari-Gang – und mit ihm eine einzigartige Sammlung von Selbstporträts, u. a. von Giudo Reni und Artemisia Gentileschi – nur kurze Zeit zwischen April und Juli von einer begrenzten Besucherzahl besichtigt werden (Infos: www.polomuseale.firenze.it/en/musei, Tel. 055 29 48 83.

Stelldichein bei der Juweliersbüste

In seiner Mitte wird der Ponte Vecchio von einer dreibogigen Loggia unterbrochen, die bei Sonnenuntergang einen romantischen Blick auf den Fluss und das Arno-Ufer freigibt. Hier treffen sich junge Leute aus der ganzen Welt. Mitten im Treiben steht starr die Büste von Benvenuto Cellini, dem berühmtesten Goldschmied von Florenz.

Es ist aber weniger das Denkmal, das die Jugend anzieht, als vielmehr das Gitter, das es umgibt. An den Stäben brachten Verliebte jahrelang Vorhängeschlösser zum Zeichen ihrer (erhofften) ewigen Liebe an. Heute steht hier ein

Fotomotiv ohne Abnutzungserscheinungen – Ponte Vecchio

1 | Ponte Vecchio

Schild der Stadtverwaltung, das den romantischen Ritus mit Androhung einer Strafe von 160 € untersagt. An manchen Stellen rund um den Ponte Vecchio hängen aber bis heute immer wieder die heimlich angebrachten Liebessymbole, vor allem an Pfosten und Geländern des **Lungarno degli Archibusieri** [3], der ältesten Uferstraße der Stadt.

Infos
Öffnungszeiten der Juweliergeschäfte auf dem Ponte Vecchio: Mo–So 10–20 Uhr; einige haben Montagmorgen geschlossen.

Einkaufen
Bei **Gherardi** gibt es Korallenketten, bei den **Fratelli Piccini** modernen Designerschmuck.

In der Umgebung
Den schönsten Blick auf den Ponte Vecchio bieten die beiden Brücken, die ihm am nächsten sind: im Westen der **Ponte alle Grazie** [4] und im Osten der **Ponte Santa Trinità** [5]. Im Gegensatz zum Ponte Vecchio, der von den Sprengungen durch die Nazi-Truppen verschont blieb, wurden alle anderen Stadtbrücken im Zweiten Weltkrieg zerstört. In den 1950er-Jahren baute man sie wieder auf. Das schönste Bauwerk unter ihnen ist der Ponte Santa Trinita mit den Ecksculpturen der Vier Jahreszeiten. Er wurde 1257 erstmals errichtet. Beim Wiederaufbau (1954–1957) fehlte der Kopf der Statue Primavera. Es wurde eine Belohnung ausgesetzt, und man fand ihn 1961 im Flussbett des Arno wieder.

Mit den Renaioli auf dem Arno
Die **Renaioli** [1] gehörten jahrhundertelang zum Stadtbild von Florenz. In ihren Booten fuhren sie das Arno-Ufer ab, um den Sand des Flussbettes auszugraben und an die Bauherren der Stadt zu verkaufen. Heute benutzen sie die traditionellen Boote, die sie mit langen Stecken vorwärtsbewegen, für Sightseeingtouren. Diese gibt es für Paare und Gruppen, sie dauern 45 Min. Der Preis für Erwachsene in einer kleinen Gruppe beträgt 15 €, Kinder bis zwölf Jahre zahlen die Hälfte, Kinder bis sieben Jahre fahren umsonst. Die Boote legen am Lungarno Diaz (Höhe Piazza Mentana) ab, fahren vorbei an den Uffizien und dem Vasari-Gang, unter dem Ponte Vecchio hindurch und weiter bis zum Ponte Trinità und dem Palazzo Corsini. Ein Führer kann, muss aber nicht gemietet werden, Anmeldung ist erwünscht (Tel. 347 798 23 56, www.renaioli.it). Von Juni bis Sept. auch Theatervorführungen auf dem Arno.

Pause mit Panorama
Auf der Seite des Oltrarno gibt es eine große Auswahl an Bars und Trattorien. Ein besonderes Lokal ist die **Golden View Open Bar** [1] in der Via de' Bardi 58, wenige Minuten links von der Brücke. Es ist zugleich Café, Restaurant und Cocktailbar und in schickem Design eingerichtet. Das Restaurant und die Terrasse bieten einen exklusiven Blick auf den Ponte Vecchio. Man kann an der Bar einfach einen Cappuccino schlürfen oder im Restaurant Florentiner Steaks und Fischspezialitäten bestellen, aber auch nur eine Pizza essen (immer mit Vorbestellung, Tel. 055 21 45 02, auch per Mail: info@goldenviewopenbar.com, www.goldenviewopenbar.com, tgl. 7.30–1 Uhr, Menü 60–80 €). Abends gibt es Cocktails und Jazz live.

2 | Kunstgalerie der Superlative – die Uffizien

Karte: ▶ E/F 5 | **Bus:** C1, C3, D

Die Uffizien sind eine der ältesten und umfangreichsten Kunstsammlungen der Welt – dementsprechend groß ist der Andrang. In 45 Räumen sind fast 2000 Meisterwerke ausgestellt, darunter die Italiener. Hier muss man Prioritäten setzen.

Falls Ihr Urlaubsprogramm keinen zwei- oder dreitägigen Aufenthalt in der Galleria degli Uffizi erlaubt, sollten Sie den Besuch dieser einzigartigen Sammlung schon vor Antritt der Reise planen. Denn die **Uffizien** 1 gehören mit dem Louvre in Paris und dem Prado in Madrid zu den bedeutendsten Galerien der Welt. Sie werden jährlich von über 1,5 Mio. Besuchern besichtigt, die unvermeidliche Schlangen vor der Ticketkasse bilden. Zudem sind die Kunstschätze zu zahlreich, um sie alle an einem Vormittag betrachten zu können. Kartenvorbestellung und eine rechtzeitige Entscheidung, welche Räume man besichtigen möchte, sind deshalb ratsam.

Die Sammlungen der Medici

Das U-förmige Gebäude wurde 1560 von dem Medici-Fürst Cosimo I. in Auftrag gegeben. Es sollte die Büros (uffizi) der städtischen Verwaltung aufnehmen. Der für moderne Technik aufgeschlossene Baumeister Giorgio Vasari verwendete zum ersten Mal Zement, was die Ästheten der Architektenzunft schon damals empörte. Insgesamt besteht das Konstrukt fast nur aus Fassaden, die ältere Gemäuer einschließen. Es ist das bedeutendste Beispiel manieristischer Architektur in Florenz. Eingeweiht wurden die Uffizien 1581 von Cosimos Sohn Francesco I., der in dem oberen, hell vom Tageslicht erleuchteten Stockwerk Ausstellungsräume für die fürstlichen Kunstsammlungen einrichtete. Eines der schönsten Stücke

2 | Uffizien

Übrigens: Die drei Korridore der Uffizien waren ursprünglich offene Loggien, wo römische Büsten, Skulpturen und Porträts ausgestellt wurden (die zum Teil heute wieder an ihrem Platz stehen). Dies war der Anfang der Uffiziensammlung. Loggia heißt auf Italienisch auch *galleria* (Tunnel, Gang). Mit dem Begriff Galleria degli Uffizi wurde erstmals in der Geschichte eine Gemäldesammlung als Galerie bezeichnet.

und Schmuck aus Gold und Elfenbein. Sie überließ die Sammlungen 1737 der Familie Lorena mit der Auflage, dass diese dem florentinischen Volk zugänglich bleiben sollen. Zum Teil wurden sie allerdings ausgelagert und bilden seitdem den Kern der wichtigsten Museen der Stadt, wie des Bargello, des Museo Arceologico und des Museo degli Argenti. Die Uffizien wurden zur Bildergalerie.

Großer Auftritt der Renaissance-Maler

Die 45 Räume mit Meisterwerken der europäischen Kunst vom 12. bis 18. Jh. befinden sich im dritten Stock. Das Herzstück bilden die florentinischen Renaissance-Maler. Daneben hängen Gemälde anderer großer Italiener und Europäer. Zu meinen persönlichen Highlights gehören die »Thronende Muttergottes« von Cimambue und dasselbe Motiv von Giotto (Raum 2), »Herzogin und Herzog von Urbino« von

war die »Venus der Medici«, ein Meisterwerk der Bildhauerkunst der klassischen Antike, das auch heute noch in dem achteckigen Tribünensaal (Raum 18) zu sehen ist.

Wie die Reichen aller Epochen waren die Medici eifrige Sammler. Cosimo I. besaß Objekte aus Afrika und Amerika. Anna Maria Luisa, letzter Spross des Fürstengeschlechts, sammelte Figuren

In den Gängen der Uffizien

2 | Uffizien

Piero della Francesca (7), Botticellis »Geburt der Venus« und »Primavera« (10–14), da Vincis »Anbetung der Könige« (15) und dasselbe Motiv von Dürer (20), Tizians »Venus von Urbino« (28), Michelangelos Rundbild »Die Heilige Familie« (19) und Goyas »Damenbildnis« (45). Seit der Erweiterung der Uffizien geht der Rundgang im zweiten Stock mit vier nicht nummerierten Sälen weiter. Einer der Räume ist Caravaggio gewidmet, zu sehen sind u. a. sein »Bacchus« und das »Medusenhaupt«.

Bevor man das Obergeschoss verlässt, kann man sich nach der großen Kunst eine kleine Verschnaufpause in der exklusiv positionierten **Caffetteria** 1 gönnen. Sie liegt – nach dem Raum 45 – am Ende des Westkorridors auf einer Terrasse direkt über der Loggia dei Lanzi (Öffnungszeiten s. Uffizien). Ein Kaffee kostet zwar deftige 5 €, aber dafür kann man das Treiben auf der Piazza della Signoria von oben betrachten – eine einmalige Gelegenheit. Direkt gegenüber steht der Palazzo Vecchio, der mit den Uffizien durch den Vasari-Gang (s. S. 29) verbunden ist. Dieser verläuft am Ende des Ostkorridors über der Via della Ninna.

Infos und Öffnungszeiten
Uffizien: Piazzale degli Uffizi 6, www.uffizi.firenze.it, Di–So 8.15–18.50 Uhr, letzter Einlass 45 Min. vor Schließung, 6,50 €. Man sollte telefonisch vorbestellen, in der Hochsaison mindestens vier Wochen vor dem Besuch, Tel. 055 29 48 83, Zuschlag 4 €. Die Tickets müssen eine halbe Stunde vor Eintritt abgeholt werden, sonst verfallen sie.
Achtung: Es gibt drei Eingänge, jeweils für Einzeltickets, Gruppen und reservierte Karten.

Lohnend in der Umgebung
Auf der Rückseite der Uffizien, an der Ecke Via dei Neri/Via dei Castellani, steht rechter Hand die **Loggia del Grano** 2. Die oberen Lagerräume des Gebäudes, erbaut 1619 von Giulio Parigi, dienten als Getreidespeicher. In der Loggia unter den Bögen wurde das Getreide verkauft. Heute gibt es Do, Fr und Sa einen Mercatino mit Kunsthandwerk.
Läuft man die Via dei Castellani weiter Richtung Arno, liegt rechts der Eingang zum **Museo Galileo** 3, eine interessante Sammlung der Geschichte der Naturwissenschaften. Sehenswert sind u. a. die optischen Linsen, mit denen Hofastronom Galileo Galilei die Jupitertrabanten entdeckte, die er »Mediceische Gestirne« taufte, und eine Uhr aus dem 16. Jh., die nach Plänen von Leonardo da Vinci gebaut wurde (Piazza Giudici 1, www.museogalileo.it, Mo, Mi–So 9.30–18, Di 9.30–13, 9 €).

Essen und Trinken
Ausgehend von der Loggia del Grano erreicht man in wenigen Minuten den **Antico Vinaio** 2, ein typisches Stehlokal mit Käse- und Wursttheke sowie Weinausschank. Hier kann man sich *panini* mit deftigen toskanischen Spezialitäten wie Fenchelsalami und geschnetzteltem Spanferkel selbst zusammenstellen. Zum Mittagstisch kommt man jedoch am besten vor 13 Uhr, bevor der Andrang aus den umliegenden Büros beginnt (Via dei Neri 75r, tgl. 8–22 Uhr, Panini 3,50–5 €). Für den Nachtisch empfehle ich in derselben Straße die **Gelateria dei Neri** 3. Eine der Spezialitäten: die Sorte mexikanische Schokolade mit Pistazie und Peperoni (Via dei Neri 9/11r, tgl. 10–24 Uhr).

3 | Museum unter freiem Himmel – Piazza della Signoria

Karte: ▶ E/F 5 | **Bus:** C1, C2

Auf keinem anderen Platz der Welt kann man Statuen von Michelangelo und Donatello bequem vom Cafétisch aus bewundern – sofern man einen ergattert hat. Vom angrenzenden Palazzo Vecchio aus regieren die Florentiner seit dem Mittelalter ihre Stadt. Das dürfte in den prachtvoll ausgestatteten Palasträumen ein Vergnügen sein.

An einem Sonnentag in Florenz gibt es keine Brunnenstufe, keine Steinbank und keinen Caféstuhl auf der Piazza della Signoria, der nicht besetzt ist. In der Mitte des Platzes warten die Droschkenkutscher schläfrig auf Kunden, drumherum suchen Touristen ihre Gruppe oder das beste Fotomotiv. Die Piazza und der alles dominierende Palazzo Vecchio bilden das weltliche Zentrum der Stadt, wo seit Jahrhunderten die Geschicke der Florentiner entschieden werden. Schon im Mittelalter lieferten sich hier die Ghibellinen (Anhänger des Kaisers) und Guelfen (Anhänger des Papstes) blutige Schlachten.

Symbol der Städtefreiheit

Der zu Beginn des 14. Jh. erbaute **Palazzo Vecchio** 1 ist bis heute das Symbol der Städtefreiheit. Damals war Florenz ein republikanischer Stadtstaat und in dem machtvollen Steinpalast mit dem 94 m hohen Glockenturm wurden die höchsten Amtsträger der freien Stadt untergebracht. Sie trugen den Titel *signori* und gaben dem angrenzenden Platz seinen Namen. 1434 übernahmen die Medici die Macht in der Stadt und hundert Jahre später auch den Palazzo Vecchio als Fürstensitz. Als Ausdruck seiner neuen Macht ließ Herzog Alessandro de' Medici die große Glocke einschmelzen, die das Volk auf die Piazza und die Ratsherren in die Versammlungssäle gerufen hatte. Als die Medici

3 | Piazza della Signoria

in den Palazzo Pitti umzogen, bekam er den Namen »Alter Palast«.

Seinen Eingang zieren die Kopien zweier berühmter Skulpturen: der **»David«** von Michelangelo und Donatellos Bronzegruppe **»Judith und Holofernes«**. Vor dem Palazzo wacht auch der Marzocco, das Wahrzeichen der Stadt: ein Löwe mit dem Stadtwappen, das eine rote Lilie zeigt. Bis heute residiert in einem Teil des Palazzo die Kommunalverwaltung. Besuchern sind die Repräsentations- und Wohnräume der Medici im ersten und zweiten Stock zugänglich. Im ersten Stock gelangt man zuerst zum Saal der Fünfhundert, den Deckengemälde mit Darstellungen der Florentiner Geschichte und der Großtaten von Cosimo I. zieren. Daran angrenzend liegt das Studierzimmer von Francesco I., ausgestattet mit Malereien, die zu den bedeutendsten Werken des späten Manierismus in Florenz gehören. Von hier aus führt ein kleiner Geheimgang nach oben. Diesen Gang und eine Treppe in der dicken Mauer des Palazzo zeigt u. a. die etwa einstündige Führung ›Geheime Wege im Palazzo Vecchio‹, die auch kleine Museumsmuffel überzeugen könnte (s. S. 76). Im zweiten Stock liegen die Gemächer von Cosimo I. und seiner Frau Eleonora von Toledo, *quartieri* genannt. Im Anschluss an das Quartiere degli Elementi bietet die Loggia dei Saturn einen einzigartigen Ausblick auf die andere Seite des Arno, bis hin zum Forte di Belvedere. Sehenswert ist auch der prachtvoll ausgestattete Saal der Lilien.

Die Piazza auf einen Blick

Zurück auf der Piazza sollte man sich schnell einen Tisch vor dem berühmten Café **Rivoire** 1 sichern, vor allem wenn die Sonne im Begriff ist zu sinken und die Häuserfassaden goldrot schimmern. Eine Tasse heiße Schokolade mit Sahne kostet am Tisch stolze 7,50 €, dafür aber hat man von hier aus das ganze Freilichtmuseum der Piazza im Blick (www.rivoire.it, Di–So 8–24 Uhr). Rechter Hand ist die **Loggia dei Lanzi** 2 zu sehen, die ihren Namen den *lanzichenecchi* (Landsknechten) der Medici zu verdanken hat, die in der Bogenloge untergebracht waren. Heute sind hier berühmte Skulpturen ausgestellt: Unter dem rechten Bogen steht der »Raub der Sabinerinnen« von Giambologna, links der »Perseus« des Künstler-Goldschmieds Benvenuto Cellini, dessen Büste über den **Ponte Vecchio** wacht (s. S. 28). Links auf der Piazza thront Cosimo I. auf seinem Pferd. Das 1587 bis 1595 von Giambologna geschaffene Monument ist das erste öffentlich gezeigte Reiterdenkmal eines Fürsten. Dahinter, neben dem Palazzio Vecchio, steht der **Neptunbrunnen** von Bartolomeo Ammanati (1575), der meist von Schulklassen besetzt ist. In der Platzmitte, bei den Droschken, ist im Pflaster eine Gedenktafel eingelassen, die an den Dominikanermönch Girolamo Savonarola erinnert. Dieser geißelte den Luxus und die Eitelkeit der Florentiner und organisierte Bücherverbrennungen auf der Piazza. Ironie des Schicksals: 1498 wurde er hier selbst als Häretiker verbrannt.

> **Übrigens:** Auch die Medici-Fürsten mussten mal. Wer bei der Besichtigung der herzöglichen Gemächer im zweiten Stock des Palazzo Vecchio genau hinsieht, entdeckt erhöhte Holztüren in den Wänden, die manchmal nicht verschlossen sind. Dahinter verbergen sich Mini-Toiletten und Waschbecken, die an das in den dicken Mauern verborgene Abfluss-System angeschlossen waren.

3 | Piazza della Signoria

Öffnungszeiten
Palazzo Vecchio: Piazza della Signoria, www.museicivicifiorentini.it/palazzovecchio, Fr–Mi 9–24 (Okt.–März 9–19), Do 9–14 Uhr, 10 €.
Mehr Sehenswertes im Palazzo Vecchio: Teatro Romano, Führungen Sa und So, 12 €; Tracce di Firenze (Spuren der Stadt), Teile der Sammlung des Museums »Firenze com'era«, tgl. 9–23, Do 9–14 Uhr, Eintritt frei; Studierzimmer (*studiolo*) des Francesco I. de' Medici, tgl. 10–19, Do 10–14 Uhr, 12 €; Turm (Torre di Arnolfo), tgl. 9–21, Do 9–14 Uhr, 10 €; Museum für Kinder, www.museoragazzi.it (s. S. 76).

Was Sie sich ansehen sollten
Die Piazza ist von Renaissancepalästen reicher Familien umgeben. Die den Bauten Raffaels nachempfundene Fassade des **Palazzo Uguccioni** 3 auf der Nordseite prägt seit 500 Jahren das Bild des Platzes. Nach dem Palazzo Vecchio ist er das wichtigste Gebäude auf der Piazza della Signoria. Im **Palazzo Bombicci** 4, an der Ecke zur Via dei Calzaiuoli, ist eine städtische Sammlung moderner Kunst zu sehen. 1359 errichteten die Florentiner an der Ostseite der Piazza ihr Handelsgericht, das **Tribunale di Mercanzia** 5. Hier ist heute das Museum des Modehauses Gucci (s. S. 44) untergebracht.

Essen und Trinken
Viele Restaurants auf der Piazza sind überteuert. In der Nähe bei **Dei Frescobaldi** 2 gibt es einen guten Toskana-Tropfen schon für 4 €. Biegt man hinter dem Neptunbrunnen links ab, sind es nur 5 Min. bis zu dieser schicken Weinbar, die zum Essen auch Tische im Freien hat und *crostini* zum Aperitif anbietet. Die Weinkarte listet die Etiketten des toskanischen Weinherstellers Frescobaldi (Via dei Magazzini 2–4r, Mo 12–14.30, Di–So 12–14.30, 19–22.30 Uhr, *crostino* 8 €, Hauptgericht 15–25 €).

Einkaufen
Zum Schlendern durch typische florentinische Läden bietet sich, ebenfalls links von der Piazza, die Via Condotta an. Hier verkauft die **Cartoleria Vannucchi** 1 seit 100 Jahren Schreibutensilien aus edlem florentinischen Papier und Leder (Via della Condotta 26r, Mo–Sa 10–19.30 Uhr). Ganz in der Nähe kann man in einem mittelalterlichen Palazzo an den Kräutermischungen der **Farmacia Molteni** 2 schnuppern. Bekannt geworden ist die Apotheke durch die Herstellung eines Desinfektionsmittels für Wasser, »Steridrolo«, das die italienischen Truppen in den Kolonialkriegen verwendeten. An diese Zeit erinnert auch die Einrichtung. Vor den Holzvitrinen werden Sie von mehrsprachigem Personal bedient. Die Apotheke liefert auch per Kurier ins Ausland (Via dei Calzaiuoli 7r, www.farmacia-molteni.com, tgl. 24 Std. geöffnet).

4 | Insel der Kunstschätze – Dom, Campanile und Baptisterium

Karte: ▶ E/F 4 | **Bus:** 14, 23, C1, C2

Der zwischen mittelalterlichen Gassen eingezwängte Dom und seine mächtige Kuppel sind das Wahrzeichen der Stadt, ein Muss für jeden Besucher. Man sollte sich aber auch den atemberaubenden Blick vom Glockenturm und das »Tor zum Paradies«, das in die Taufkirche führt, nicht entgehen lassen.

Die Piazza del Duomo, die jahrzehntelang vom Stadtverkehr eingekreist war, ist heute Fußgängerzone. Das freut nicht nur die Touristen, sondern auch die Florentiner: Endlich sieht man sie wieder zwischen Baptisterium, Dom und Campanile herumschlendern oder mit dem Rad über die Piazza flitzen. Auch die vom Smog geschwärzten Marmorfassaden werden nach und nach gereinigt. Das ist die Stadt ihrem Dom schuldig, der sie zur Stadt der Superlative gemacht hat. Denn mit einer Länge von 153 m und einer Breite von 38 m bietet der **Duomo Santa Maria del Fiore** 1 Platz für 20 000 Gläubige und war bei der Einweihung im Jahr 1436 die größte Kirche Europas, die auch später nur von San Pietro in Rom, St. Paul in London und dem Mailänder Dom an Größe übertroffen wurde. Kein anderes Renaissance-Werk in Italien drückte das künstlerische und technische Können der Epoche in solchem Maße aus wie der Dom zu Florenz.

Der unendliche Dombau zu Florenz

Allerdings übertraf auch die Bauzeit von über hundert Jahren alles bisher Dagewesene. Der erste Stein wurde 1296 von dem Baumeister Arnolfo di Cambio gelegt. Nach seinem Tod rief die Stadt große Namen wie Giotto, Andrea Pisano und Francesco Talenti zur Baustelle, die den Turm und das Langhaus der Kirche fertigstellten. Am Ende

4 | Dom, Campanile und Baptisterium

414 Stufen zu einem atemberaubenden Ausblick – der Campanile

blieb das Problem der riesigen Kuppel zu lösen, womit der damalige Star-Architekt Filippo Brunelleschi beauftragt wurde. Er orientierte sich an Techniken, die er an römischen Ruinen studiert hatte, und baute die Kuppel ringweise aus schräg liegenden Ziegelsteinen auf, die sich gegenseitig stützten. Das Ergebnis ist eine anscheinend im Freien schwebende, majestätisch nach oben ragende Kuppel, die bis heute die Hauptattraktion des Domkomplexes ist und bei einem Treppenaufstieg von der Nähe bewundert werden kann. Das Kuppelfresko, in dessen Zentrum das »Jüngste Gericht« steht, stammt von Giorgio Vasari und Federico Zuccari.

Im streng und einfach gegliederten Inneren der Kirche ist von der ursprünglichen Ausstattung leider nur wenig übrig geblieben. Erhalten sind die Glasfenster, die von Lorenzo Ghiberti, Donatello, Paolo Uccello und Andrea Castagno gezeichnet wurden. Beim Rundgang fallen die zahlreichen Grab- und Ehrendenkmäler auf, die die Florentiner in ihrer »Staatskirche« für verdienstvolle Heerführer, Denker und Dichter errichtet haben. Das Tondo im rechten Seitenschiff mit der Büste Brunelleschis, der im Dom in der Krypta von Santa Reparata beigesetzt ist, stiftete die Kommune 1447. Das Ehrenmal in Tondoform für Giotto schuf Benedetto da Maiano 1490. Zu den bekanntesten Kunstwerken des Doms gehören die Reiterfresken von Uccello und Castagno und das berühmte Porträt von Domenicho di Michelino, das den Dichter Dante Alighieri mit seiner »Divina Comedia« zeigt.

Toskanisches Panorama vom Campanile

Rechts vom Eingang des Doms ragt der elegante **Campanile** 2 empor, einer der schönsten Glockentürme Italiens. Er wurde 1334 von Giotto entworfen und 22 Jahre nach seinem Tod von Pisano und Talenti fertiggestellt. Wie auch viele Kunstwerke des Doms, ist ein großer Teil seiner originalen Skulpturen und Ornamente im Dommuseum ausgestellt (s. S. 79). Der Campanile ist – wie auch die Fassaden des Doms und des Baptisteriums – mit mehrfarbigem Marmor verkleidet. Mit ›nur‹ 84,7 m Höhe ist der Glockenturm etwas niedriger als die Domkuppel. Das Panorama über Stadtdächer, Kirchtürme und grüne Hügel ist aber genauso atemberaubend. Man sollte sich allerdings entscheiden, ob man die 463 Stufen zur Kuppel oder die 414 Stufen zum Campanile erklimmen möchte. Beides ist entschieden zu viel!

Tor zum Paradies

Das am Haupteingang des Doms angrenzende **Baptisterium** 3 gehört zu den ältesten und wichtigsten Bauwerken der Stadt. Die Taufkirche, die dem Stadtheiligen Johannes geweiht ist,

4 | Dom, Campanile und Baptisterium

entstand etwa zwischen 1059 und 1150. Dennoch hielt man sie noch zu Zeiten Brunelleschis für einen Marstempel aus der Zeit des Kaisers Augustus. Sie verbindet Vorstellungen der Antike und des Mittelalters und wurde zum wichtigsten Vorbild für die Renaissance-Architektur. An ihrer achteckigen Grundform, einem Symbol für die Unendlichkeit, hat sich auch Brunelleschi bei dem Bau der Domkuppel orientiert. Die weiß-grüne Marmorverkleidung ist eines der berühmtesten Beispiele für eine toskanisch-romanische Kirchenfassade. Die Mosaiken des Inneren der Kuppel, die von venezianischen und florentinischen Meistern gefertigt wurden, sind – mit dem zentralen Thema des jüngsten Gerichts – einer der bedeutensten Bildzyklen Italiens. Sehenswert ist auch das Grabmal des Gegenpapstes Johannes XXIII. Publikumsmagnet der Kirche ist aber vor allem das Ostportal, die sogenannte **Porta del Paradiso** mit Bronzereliefs von Lorenzo Ghiberti (1426–1452), die Szenen aus dem alten Testament darstellen. Hier muss man allerdings energisch mit dem Ellbogen arbeiten, um in die erste Reihe vorzurücken. Besser: das restaurierte Original im Museum des Doms ansehen (s. S. 79).

Öffnungszeiten
Duomo Santa Maria del Fiore: Piazza del Duomo, Mo–Mi, Fr 10–17, Do 10–16, Sa 10–16.45, 1. Sa im Monat 10–15.30, So, Fei 13.30–16.45 Uhr, Eintritt frei.
Kuppel: So–Fr 8.30–19, Sa 8.30–17.40 Uhr, 8 €; Campanile: Piazza del Duomo, tgl. 8.30–19.30 Uhr, 6 €; Baptisterium: Piazza S. Giovanni, Mo–Sa 11.15–19, So 8.30–14, 1. Sa im Monat 8.30–14 Uhr, www.ilgrandemuseodelduomo.it, Einheitsticket (auch Krypta und Museo dell'Opera) 10 €.

In der Umgebung
Aufgrund der Nähe zum berühmten Dom wird die **Loggia del Bigallo** 4 oft übersehen. Dabei ist die elegante Bogenhalle aus dem 14. Jh. an der Ecke Piazza S. Giovanni/Via dei Calzaiuoli ein wichtiger Ort für die Stadtgeschichte. Bei der Bruderschaft des Bigallo wurden die Findelkinder abgegeben und als Waisen aufgezogen. Heute ist im oberen Teil ein kleines Museum der Bruderschaft untergebracht. Beachtung verdienen auch die Skulpturen des **Palazzo dei Canonici** 5 an der Südseite des Platzes, die die Domarchitekten Arnolfo di Cambio und Filippo Brunelleschi darstellen.

Tipp
Falls Sie Hunger oder Durst verspüren, ist die Piazza del Duomo nicht der richtige Ort. Am besten gehen Sie über den Borgo San Lorenzo in Richtung Mercato Centrale (s. S. 49) oder auf ein Gelato zu **Grom** 1, wo es das ›Eis aus den guten alten Zeiten‹ gibt, ohne Chemie und mit kompostierbaren Bechern und Löffeln (Via del Campanile 2, April–Okt. 10.30–24 Uhr).

5 | Im Herzen der Stadt – Piazza della Repubblica und Dante-Viertel

Karte: ▶ E/F 4/5 | **Bus:** C1, C2

Die großzügig angelegte Piazza ist der Salon der Stadt. In den eleganten Cafés treffen sich die Florentiner auf einen Tee oder Aperitif und besprechen Geschäfte. In warmen Sommernächten beleben internationale Straßenkünstler die Szene. Nur wenige Minuten entfernt liegt das mittelalterliche Viertel, in dem Dante Alighieri gewohnt und gedichtet hat.

Die Piazza della Repubblica ist der größte Platz der Innenstadt. Die Anlage mit ihren imposanten Fassaden und dem monumentalen Triumphbogen wurde um 1880 erbaut. Die Stadt Florenz hatte gerade den Hauptstadttitel an Rom abgetreten, wollte sich aber modern und weltstädtisch geben. Das Ergebnis war eine Altstadtsanierung, der Hunderte historischer Gebäude und auch das jüdische Ghetto zum Opfer fielen. Nur die Säule der Abbontantia auf der Mitte des Platzes erinnert noch heute an die lange Geschichte des Ortes. Sie ersetzt eine Säule der Frührenaissance, die wiederum auf dem Stumpf einer römischen Granitsäule stand. Diese markierte einst den Mittelpunkt der Stadt.

Literatencafés und Platzkonzert

Mit der Erneuerung der Piazza kamen Banken und Grandhotels, aber auch elegante Cafés und neue Bierkneipen, die Einheimische und Besucher anzogen. Bis heute sind sie die Hauptattraktion der Piazza, auch wenn die Touristen inzwischen in der Überzahl sind, zumindest an den Tischen im Freien. Auf den Holzstühlen vor der Theke des **Cafè Le Giubbe Rosse** 1 sitzen aber bis heute noch ein paar hartnäckige Stammgäste. Das Lokal war 1897 von der deutschen Bierbrauerfamilie Reininghaus eröffnet worden. Hier trafen

5 | Piazza della Repubblica und Dante-Viertel

sich die Exildeutschen auf ein Bier, aber auch Künstler und Literaten. Die Futuristen um Filippo Tommaso Marinetti hielten hier ihre Happenings ab. An diese, durch den Zweiten Weltkrieg abgebrochene Tradition versucht die Besitzerfamilie Smalzi seit den 1990er-Jahren durch Lesungen und andere Kulturveranstaltungen anzuknüpfen. Gut und günstig: das Buffet zum Brunch und Aperitif, wenn man sich ins Lokal setzt (www.giubberosse.com, tgl. 8–1 Uhr, Mittagsbuffet zwischen 12.30 und 14 Uhr 5,90 €).

Zwei weitere bekannte Cafés liegen direkt an der Piazza: das Gilli und das Paszkowski. Das **Gilli** 2 mit seinen eleganten Vitrinen und Jugendstil-Holzverkleidungen ist das einzige Belle-Époque-Lokal der Stadt und deshalb auf jeden Fall einen kleinen Innenrundgang wert. Auch eine Kostprobe in der hauseigenen Konditorei lohnt sich (www.gilli.it, Mi–Mo 7.30–2 Uhr, Espresso am Tisch 4 €). Das **Paszkowski** 3 hingegen war wie Le Giubbe Rosse ursprünglich eine Bierkneipe. Heute ist es ein stilvolles Café, das in den Sommermonaten für seine Gäste ein kleines Orchester aufspielen lässt – und dies auch auf die Preise schlägt

> **Übrigens:** Den Namen des Lokals Giubbe Rosse haben die Florentiner selbst erfunden. Da sie den Namen des deutschen Wirts Reininghaus, der seine Kellner nach Wiener Kaffeehaustradition in rote Jackets *(giubbe rosse)* kleidete, nicht aussprechen konnten, sagten sie: »Wir gehen zu denen mit den *giubbe rosse*.«

(www.paszkowski.it, tgl. 7–24 Uhr, Fruchtsaft am Tisch 7,50 €). Im Sommer sind alle Lokale der Piazza bis spät in die Nacht geöffnet. Aber dann kann man auch auf dem warmen Asphalt sitzen und den Straßenmusikanten zuhören, die längst nicht mehr »O sole mio« singen. Heute sind – auch in Florenz – Balkanrhythmen angesagt.

Die schönsten Skulpturen der Renaissance

Biegt man auf der Südseite der Piazza in die Via Calimala ein und dann links in die zweite Querstraße, stößt man auf den mit Zinnen verzierten **Palazzo dell'Arte della Lana** 1 aus dem 13. Jh. Dieser gehörte der reichen Zunft der Wollkaufleute und ist durch einen

Traditionscafé an der Piazza della Repubblica – Le Giubbe Rosse

41

5 | Piazza della Repubblica und Dante-Viertel

Der Bau des Triumphbogens sollte Ende des 19. Jh. das Weltstädtische an Florenz betonen

Brückengang mit **Or San Michele** 2 verbunden. Diese über die Dächer der Stadt ragende Kirche ist eines der seltsamsten Bauwerke der Stadt. Die rechteckige Struktur erinnert daran, dass es sich eigentlich um einen Getreidemarkt mit Lagerräumen in den Obergeschossen handelt. Das Untergeschoss wurde zwischen 1367 und 1380 geschlossen und zur Kirche der Zünfte und Korporationen. Diese brachten an der Fassade in 14 Nischen ihre Schutzheiligen an, die von Künstlern wie Donatello, Ghiberti und Verrocchio stammen und heute zu den bedeutendsten Zeugnissen der Renaissance-Skulpturen gehören. Im Inneren befindet sich das Tabernakel von Andrea Orcagna (1355–1359), in dem die »Madonna delle Grazie« von Bernardo Daddi (1352) aufbewahrt wird. Ihren Wundertaten ist es zu verdanken, dass aus dem Getreidemarkt eine Kirche wurde!

Auch im **Museo Nazionale del Bargello** 3 (1255–1261) gibt es berühmte Renaissance-Skulpturen zu besichtigen. Der burgähnliche Bau, den man am besten über die Via della Conotta und Via Porta Rossa erreicht, ragt an der immer mit Motorrollern vollgestellten Piazza Firenze hoch in den Himmel. Der Palazzo war in der Stadtrepublik der Sitz des Vertreters der Stadtbürger *(capitano del popolo)*. Später wurde er zur Verwaltungsresidenz des Polizeihauptmanns, dem *bargello* (wörtl. Büttel). Heute werden hier Skulpturen von Michelangelo, Donatello, Cellini und Giambologna ausgestellt. Im zweiten Stock befinden sich Keramik-, Schmuck- und Kleinfigurensammlungen. Sehenswert ist der mit Arkaden und Skulpturen verzierte Burghof. Dieser stimmungsvolle Ort war zwischen 1502 und 1782 eine Hinrichtungsstätte, der Galgen stand direkt neben dem Brunnen. Auf der anderen Seite der Via del Proconsolo liegt die **Badia Fiorentina** 4 . Die Benediktinerabtei – gegründet 978 von Willa, Frau des Markgrafen Umberto – ist das älteste und vornehmste Kloster der Stadt. Die gotisch-romanische Kirche wurde im Barock umgebaut. Sie hütet den Chiostro degli Aranci mit Fresken der Frührenaissance zum Leben des hl. Benedikt (etwa 1436–1439).

Auf den Spuren Dantes

Einer der Ausgänge der Badia führt direkt in die nach Dante Alighieri (1265–

5 | Piazza della Repubblica und Dante-Viertel

1321) benannte Straße. Hier wurde 1911 auf einer kleinen Piazetta die **Casa di Dante** 5 rekonstruiert. Ob an diesem Ort wirklich – wie behauptet wird – das Geburtshaus des großen Dichters stand, ist nicht gesichert. Das kleine Museum bietet eine eher didaktische, mit Modellen und Grafiken ausgestattete Führung durch die Stadt des Mittelalters und des Lebens und Werks des Dichters, die meist von Schulklassen besucht wird. Dante gilt als Vater der italienischen Sprache. Sein berühmtestes Werk ist die »Divina Comedia«, in der ihn seine angebetete Beatrice vom Fegefeuer ins Paradies begleitet. Das von ihm im Jünglingsalter angebetete Mädchen wurde die Muse seines Lebenswerks. Sie ist beigesetzt in der kleinen Kirche **Santa Margherita de' Cerchi** 6, nur wenige Meter vom Dante-Haus entfernt. Dort hat Dante auch seine spätere Ehefrau Gemma geheiratet. Die letzten Jahre seines Lebens musste der freigeistige Dichterphilosoph im Exil verbringen.

Öffnungszeiten

Or San Michele: Via dell'Arte della Lana 7, tgl. 10–17 Uhr, Eintritt frei.
Museo Nazionale del Bargello: Via del Proconsolo 4, tgl. 8.15–13.50 Uhr, am 1., 3., 5. So und am 2. und 4. Mo im Monat geschl.; 14. Juli–30. Sept. 8.15–17 Uhr, 2. und 4. Mo im Monat geschl., 4 €, erm. 2 €.
Badia Fiorentina: Via del Proconsolo, Mo–Sa 10–17, So 13–17 Uhr, Eintritt frei.
Casa di Dante: Santa Margherita 1, www.museocasadidante.it, tgl. 10–18, Okt.–März 10–17 Uhr, 4 €, erm. 2 €.

Die Füße vertreten

Kleiner Spaziergang zwischen den Palästen zweier mächtiger Florentiner Familien, mit denen Dante verbunden war. Von der **Casa di Dante** aus beginnt man mit dem **Palazzo Salviati** 7 (um 1550) in der Via del Corso. Sie ist seit 1932 Sitz der Banca Toscana, in der Schalterhalle steht noch eine Statue von Cosimo I. Vor den Salviati wohnte auf dem Grundstück die Familie von Beatrice Portinari, der Muse Dantes. Entlang der Via del Corso, über die Piazza Repubblica bis zur Via dei Strozzi erreicht man den **Palazzo de' Vecchietti** 8, Wohnsitz einer der ältesten Familien der Stadt, die Dante in seinem »Paradies« erwähnt. Nicht verpassen: den breitbeinigen Satyr von Giambologna an der Fassade.

Essen und Trinken

Günstige Alternative zum Platz ist der **Mercato Nuovo** 4 nahe Or San Michele. Bei Orazio Nencioni gibt es ein Brötchen mit *lampredotto* (Kutteln in Brühe), *trippa* (geschnetzelte Kutteln) oder *porchetta* (Spanferkelscheiben) auf die Hand (3–5 €). Für Gemüsefans bietet sich das Mittagsbuffet mit vielen verschiedenen *antipasti* bei **Da Pennello** 5 an. Hier essen auch die Florentiner Zwiebelsuppe *(carabaccia)* oder Kalbsgeschnetzeltes *(peposo)*: Via Dante Alighieri 4, www.ristoranteilpennello.it, tgl. 12–15, Di–Sa 19–22 Uhr, Menü inkl. Antipasti 20–25 €.

Mode und mehr

Direkt an der Piazza della Repubblica befindet sich das Kaufhaus **Rinascente** 1 (Mo–Sa 9–21, So 10.30–20 Uhr). Hier kann man in aller Ruhe und ohne drängelnde Verkäuferinnen auswählen und anprobieren. Es gibt italienische Designer-Marken, Dessous, Strümpfe und Kosmetik – und eine sehenswerte Caféterrasse.

6 | Gucci und Pucci – rund um die Via Tornabuoni

Karte: ▶ E 4/5 | **Bus:** 6, 11, 12, 36, 37, C3, D

In der eleganten Via Tornabuoni haben die florentinischen Modemarken Gucci, Pucci und Ferragamo ihre Geschäfte. Drumherum gibt es aber auch weniger teure Kleiderläden und schicke Boutiquen mit Vintage und jungem Design.

Die Florentiner lieben Mode – und sie machen Mode. Auch wenn die Florentinerin mit ungekämmtem Haar und einer Sporthose aus dem Haus geht: Dazu trägt sie stilsicher die passende Sonnenbrille und eine Designerjacke.

Eleganz hat hier seit dem Mittelalter eine lange Tradition. Damals gehörte der Wollhandel zu den wichtigsten Zünften der Stadt. In der Renaissance kreierten die Damen der Medici einen eigenen Stil mit edlen Schmuckverzierungen, der an den Königshöfen der Welt nachgeahmt wurde. Bis heute findet in Florenz Pitti Immagine statt, die wichtigste Herrenmodemesse des internationalen Modemarktes. In der jüngeren Vergangenheit

6 | Rund um die Via Tornabuoni

aber waren es vor allem drei Namen, die den Ruhm der Modestadt begründeten: Gucci, Pucci und Ferragamo.

Stile Fiorentino

Das Modehaus von Guccio Gucci (1881–1953) ist bis heute das beste Aushängeschild des *stile fiorentino*. Der Firmengründer machte sich nach dem Zweiten Weltkrieg einen Namen mit schicken Taschen mit Bambusgriffen, Ballerinas mit Metallschnallen und blumig bedruckten Seidentüchern. Heute gehört Gucci zum französischen Modeimperium Pinault-Printemps-Redoute, doch der typische Stil ist geblieben. Und die Marke gehört zu den wenigen internationalen Modelabels, die garantieren, dass ihre Stücke nicht in Schwarz- und Kinderarbeit hergestellt werden. Klassische und brandneue Modelle kann man in dem großen **Gucci-Laden** in der **Via Tornabuoni 73r** 1 bestaunen. Das Geschäft in der **Via Roma 6** 2 bietet Lederwaren (beide Mo–Sa 10–19.30 Uhr). Ein preisgünstigeres Outlet liegt außerhalb der Stadt (s. S. 104). Neu ist das **Gucci-Museum** 1 im Palazzo della Mercanzia mit Modearchiv, wechselnden Ausstellungen, Café und Restaurant (Piazza della Signoria 10, www.guccimuseo.com, tgl. 10–20, Do 10–23 Uhr, 7 €).

Die Modekarriere des Markgrafen Emilio Pucci (1914–1992) begann hingegen auf der Skipiste von St. Moritz. Einer amerikanischen Modefotografin gefiel der von ihm entworfene Skianzug einer Freundin so sehr, dass sie ihn bat, eine Skikollektion für Damen zu kreieren. In den 60ern und 70ern war der Name Pucci weltweit für extravagante Muster und exklusive Seidendrucke bekannt. Der Firmengründer, dessen Familie einst zu den Verbündeten der Medici gehört hatte, lebte bis zu seinem Tod in seinem Renaissance-Familienpalast unter der noblen Adresse »Marchese Emilio Pucci, **Palazzo Pucci** 2, Via de' Pucci 6, Firenze«. Heute führt seine Tochter Laudomia die Geschäfte. **Pucci** 3 in der Via Tornabuoni 20–22r ist eine der ersten Modeadressen in Florenz (Mo–Sa 10–19.30 Uhr).

Schuhe für Hollywood

Auch der Name Salvatore Ferragamo gehört zur Modegeschichte der Stadt. Der Süditaliener hatte sich in Amerika bereits als Schuster der Hollywood-Diven einen Namen gemacht, als er 1927 seine Werkstatt in Florenz eröffnete. Er erfand eine neue Technik für maßgeschneiderte Schuhe, indem er Holzmodelle der Füße seiner prominenten Kundinnen – darunter Greta Garbo, Marilyn Monroe und Audrey Hepburn – anfertigte.

Seine berühmtesten Schuhmodelle können in dem kleinen **Museo Salvatore Ferragamo** im Firmensitz **Palazzo Spini Feroni** 3, Via Tornabuoni 2, Eingang Piazza Trinità, besichtigt werden (Mi–Mo 10–18 Uhr, 6 €). Das elegante Geschäft von **Ferragamo** 4 ist in der Nr. 16 untergebracht (tgl. 10–19.30 Uhr). In dem mittelalterlichen **Turm** Richtung Ponte di S. Trinità betreiben die Erben des Firmengründers ein exklusives **Hotel** 1 (Via Tornabuoni 1, www.tornabuoni1.com, DZ200/300 €).

Vintage und Perlenketten

In den Nobelshops der Via Tornabuoni, wo man u. a. auch Boutiquen von Armani, Prada, Max Mara, Cavalli und Bulgari findet, kann man zwar viel

---

Übrigens: Die eleganten blauen Uniformen der italienischen Verkehrspolizei *(vigili urbani)* – und dazu passend weiße Handschuhe und ovaler Helm – wurden von Emilio Pucci entworfen.

6 | Rund um die Via Tornabuoni

schauen, oft sprengen sie aber eindeutig das Reisebudget. Deshalb lohnt sich eine kleine Tour in der Umgebung. Beginnen kann man in der Via de' Conti, Richtung San Lorenzo. Hier belegt der Laden **Desiivintage** 5 mit schicker und schriller Secondhand-Mode die Hausnummern 17–21r (Mo–Mi 11.30–19.30, Do–Sa 10.30–19.30 Uhr). Neben Klamotten und Schuhen stehen manchmal auch die Laden-Dekos zum Verkauf. In der Via Cerretani 8r und 20r befinden sich die Schuhgeschäfte von **Gilardini** 6, die schicke und bequeme Schuhe anbieten (Mo–Fr 9.30–13, 15.30–19.30, Sa 9.30–13 Uhr).

In dem nahe gelegenen **Energiestore** 7 gibt es für Youngsters die italienischen Kultmarken Energie, Miss Sixty und Killah (Di–Sa 10–19.30, Mo 14–19.30 Uhr). Eleganter sind die Auslagen bei **BP Studio** 8 (Vigna Nuova 15r, Di–Sa 10–14, 15–19, Mo 15–19 Uhr): ein schicker Laden mit Strick- und Baumwollmode ›made in Italy‹, entworfen von jungen Designern.

Im Borgo SS. Apostoli findet man bei **Angela Caputi** 9 etwas ganz Besonderes: Schmuckstücke – nicht echt, aber in schickem Design, aus synthetischen Materialien und sehr farbenfroh (Nr. 44/46, Mo–Sa 10–13, 15–19 Uhr). Elegante und sportliche Taschen aus Leder oder modernen Hightech-Materialien gibt es bei **Mandarina Duck** 10 (Por S. Maria 23–25r, Di–Fr 9.30–19.30, Mo und Sa 10–19.30, So 11–14, 15–19 Uhr).

Erst Pucci und Co., dann ein Häppchen …

Essen und Trinken

Zum Aperitif empfehle ich ein Glas Prosecco und ein Brötchen mit Trüffelcreme (3–4 €) bei **Procacci** 1, traditioneller Treffpunkt der Florentiner seit 1885. Wenn kein Teetischchen frei ist, schmecken die Häppchen genauso gut im Stehen (Via Tornabuoni 74, Mo–Sa 10.30–20 Uhr). Sehenswert ist auch das altehrwürdige **Caffè Giacosa** 1, das von seinem neuen Besitzer Roberto Cavalli im bizarren Tierfellstil eingerichtet wurde. Der in die Jahre gekommene Modemacher gehört – im Vergleich zu Gucci und Pucci – zu den Newcomern der florentinischen Modeszene. Im Giacosa, wo einst der berühmte Cocktail Negroni erfunden wurde, stylt er nicht nur die Tischdecken, sondern auch die Ostereier in Tiger- und Zebramustern. Zum Aperitif gibt es den hauseigenen Cavalli-Wodka (Via della Spada 10, www.caffegiacosa.com, mit Pralinen in Wildtieroptik zum Bestellen, tgl. 12–15, 19.30–23 Uhr).

7 | Vollendete Harmonie – Santa Maria Novella

Karte: ▶ D/E 3/4 | **Bus:** 6, 11, 12, 36, 37, C2

Die weltberühmte Klosterkirche ist ein einzigartiges Beispiel für gotische Baukunst in Italien. Ihr Inneres aber gehört der Renaissance-Malerei. Am schönsten und einsamsten ist es hier am frühen Morgen. Dann ist auch die Klosterapotheke geöffnet, in der man toskanische Wiesenkräuter, Parfüms und von Hand angerührte Tinkturen kaufen kann.

Um die schwarz-weiße Marmorfassade dieser besonderen Kirche in ihrer vollen Pracht bewundern zu können, sollte man sich hinter die Blumenbeete auf der Piazza S. Maria Novella stellen. Der Architekt Leon Battista Alberti hatte in der Mitte des 15. Jh. an diesem einzigartigen Bau ein schwieriges Meisterwerk vollbracht: die Verschmelzung einer um 1280 erbauten gotischen Kirche mit völlig neuen Bauelementen – wie die geschwungenen Eckvoluten, die sich auch an Barockbauten wiederfinden. Im Innenraum blieb die Struktur der florentinischen Gotik erhalten. Wie in einer arabischen Moschee gehen Gewölbe und Stützen ineinander über. Für das Auge entsteht so ein Raum, der sich zu bewegen scheint.

Die berühmten Fresken von **Santa Maria Novella** 1 stammen aus der Renaissance, so auch die »Trinitá« von Massaccio (um 1427) in der Mitte des Langhauses. Diese hl. Dreifaltigkeit ist das erste Renaissance-Bild mit Perspektive. Ein großer Teil der Originalfresken aus dem 14. Jh. ist allerdings von Giorgio Vasari (1565–1571) im Auftrag von Cosimo I. de' Medici übertüncht worden.

7 | Santa Maria Novella

Kapellenfresken und Mäzene

In der Dominikanerkirche erhaltene Kunstschätze sind u. a. Giottos Tafelkreuz in der Sakristei und das bronzene Altarkreuz von Giambologna. Die Fresken der Hauptchorkapelle oder Capella Tornabuoni sind ein Werk von Ghirlandaio und seiner Werkstatt (1485–1490). Inmitten der biblischen Bilder hat sich der Medici-Bankier Giovanni Tornabuoni »zur Lobpreisung seines Hauses und seiner Familie« verewigt. Viele Nebenfiguren stellen Familienmitglieder und befreundete Florentiner Patrizier dar. Die Fresken in der Capella Strozzi di Mantova (um 1340–1350) stammen von Nardo di Cione und sind Szenen aus der »Divina Commedia« von Dante. Im zentralen Bild, zwischen Engeln und den Mitgliedern der Familie Strozzi, taucht auch das Porträt des Dichters auf.

Links der Kirche ist der Eingang zum Museo di S. Maria Novella, das vor allem aus Kreuzgang (Chiostro Verde) und Kapelle besteht. Die Fresken des Kreuzgangs (1426–1450) thematisieren die Schöpfungsgeschichte und werden von der Erdfarbe Grün dominiert. Sie sind das Werk von mindestens vier Meistern, darunter Paolo Uccello. Der von 1343 bis 1345 errichtete Kapitelsaal des Klosters wird Spanische Kapelle genannt, da er zeitweilig dem Gefolge der Eleonora von Toledo, Gemahlin Cosimos I., zur Verfügung gestellt wurde. Die Fresken mit Motiven des Opfertodes Christi malte Andrea Bonaiuti (1365–1367). Teile davon wurden 1966 durch die Hochwasserkatastrophe zerstört.

Kraft der Kräuter

Biegt man von dem Platz vor der Kirche, auf dem bis etwa 1850 noch Jahrmärkte stattfanden, rechts in die Via della Scala ein, stößt man nach wenigen Minuten rechter Hand auf die **Antica Farmacia Santa Maria Novella** [1] (Mo–Sa 9.30–19.30 Uhr). Von der lärmigen Straße tritt man ein in eine andere Welt, die aus riesigen Räumen mit Holzvitrinen, Kräuterduft und gedämpftem Licht besteht. Hier mischten die Dominikanermönche seit dem 13. Jh. Essenzen und Tinkturen aus Garten- und Wiesenkräutern. Berühmt geworden ist ihr desinfizierendes Rosenwasser, mit dem sie einst die Pest bekämpften. Ein Rundgang durch die reich dekorierten Säle lohnt sich, auch wenn man keine Cremes und Wässerchen kaufen möchte.

Infos
S. Maria Novella: Piazza S. Maria Novella, Mo–Do, Sa 9–17.30, So 13–17 Uhr.
Basilika und Museum: 5 €.

Moderne Architektur
Der Bahnhof **Stazione Santa Maria Novella** [2], an dem die meisten Besucher ankommen, verdient Beachtung als eines der wenigen Beispiele moderner Architektur in Florenz. Er wurde zwischen 1933 und 1935 von Giovanni Michelucci erbaut und gilt mit seinen geometrischen Formen als bemerkenswertes Beispiel für den italienischen Rationalismus.

Essen und Trinken
Für mittags und abends empfehle ich die nur ein paar Minuten entfernte **Osteria Cipolla Rossa** [1], wo man gemütlich drinnen und draußen an bunten Holztischen toskanische Eintöpfe und *bistecca fiorentina* essen kann und sehr freundlich bedient wird (Via del Conti 53r, tgl. 12–15, 19–23 Uhr, Menü 35 €).

8 | Pane e vino – Mercato Centrale di San Lorenzo

Karte: ▶ E/F 3/4 | **Bus:** 14, 23, C1, C2

Brot ist der Stoff, aus dem fast alle toskanischen Gerichte sind. Brot, oft das ungesalzene ›pane sciocco‹, kommt in die ›ribollita‹, die Gemüsesuppe, und in die ›pappa al pomodoro‹, die Tomatensuppe. Die Zutaten für ihre berühmten Rezepte kaufen die Florentiner in der Markthalle bei San Lorenzo. Drumherum gibt es eine große Auswahl an Trattorie und Weinlokalen, wo man typische Kost serviert bekommt – natürlich mit einem Glas Chianti.

Es spielt eigentlich keine Rolle, an welcher Seite man die große Halle des **Mercato Centrale** 1 betritt. Überall steht man sofort vor verführerischen Köstlichkeiten: Fisch in riesiger Auswahl, eingelegte Oliven, Artischocken und Tomaten, Brot, Käse und Schinken aller Art. Obst und Gemüse gibt es im zweiten Stock. An den Ständen, wo Japanerinnen bunte Nudeln verkaufen, sollten Sie schnell vorbeigehen. An den Theken, wo Parmiggiano-Ecken ausliegen und wuchtige Schinkenhälften an der Decke hängen, sollten Sie stehen bleiben. Hier zeigen die Florentiner das Beste, was ihre Region zu bieten hat: Fenchelsalami *(finocchiona)*, Schinken aus Siena *(cinta sienese)*, Wildschweinsalami *(salamini di cinghiale)*, reifen Schafskäse *(pecorino)* mit oder ohne Gewürze, Gemüsetorten aller Art *(torte rustiche)* und natürlich Olivenöl *extra vergine*.

Genüsse vom Markt

Wer schon morgens großen Hunger hat, kann direkt Richtung Ausgang Piazza del Mercato zu **Da Nerbone** 1 gehen. Hier stärken sich ab morgens um sieben Lastwagenfahrer, Ladearbeiter, Marktfrauen und die letzten Nachtschwärmer. Hinter der Theke steht Fabio Giolli, der schon seit zwölf Jahren Wein und deftige Gerichte über den Tresen schiebt. Zu

8 | Mercato Centrale di San Lorenzo

den Spezialitäten des Hauses gehören Brötchen mit *lampredotto* (Kutteln in Brühe) und *trippa* (geschnetzelte Kutteln) zu Kräuter- oder Tomatensoße, *crostini toscani* (mit Hühnchenleber), *fagioli all'uccelletto* (weiße Bohnen mit Tomatensoße) und *ossobuco* (Kalbshaxe). Ab Mittag füllen sich die rustikalen Marmortische und die Schlange vor Fabio Giollis Tresen wird lang.

Deftig, aber raffiniert

Wer weiter auf kulinarische Pirsch gehen möchte, hat um den Marktplatz herum die Qual der Wahl. In Florenz, besonders aber hier im Viertel San Lorenzo, gibt es viele Lokale, in denen man gute toskanische Küche serviert. Diese hat den Vorteil, dass sie aus einfachen und preisgünstigen Zutaten wie Brot, Gemüse und Innereien zubereitet wird – und zugleich deftig und raffiniert ist. Die *antipasti* bestehen meist aus Gemüse *sott'olio* (in Olivenöl eingelegt), Salami, Schinken, *crostini* und *fettunta* (geröstetes Brot mit Olivenöl).

Die typischen Gerichte des ersten Gangs, dem *primo*, sind die *ribollita* (Gemüsesuppe, die aufgewärmt am besten schmeckt), *pappa al pomodoro* (Tomatensuppe mit Brot und Basilikum), *panzanella* (rohe Tomaten mit Brot und Basilikum), *pasta e ceci* (Pasta mit Kichererbsen) und *pappardelle sulla lepre* (Bandnudeln mit Hasenragout). Zum zweiten Gang, *secondo*, gibt es, wie bei Nerbone auch in guten Restaurants, die klassischen Innereien mit Bohnen oder aber die *bistecca fiorentina*, ein Riesensteak, das – wenn es wirklich eine *fiorentina* sein will – vom toskanischen Chianina-Rind stammt und recht teuer ist. In vielen Lokalen steht auch Wild auf der Karte. Das typische Dessert besteht aus Vin Santo (Dessertwein), *castagnaccio* (Torte aus Kastanienmehl, Pinienkernen und Rosinen) und *cantucci* (hartes Mandelgebäck zum Eintunken).

Nicht nur Chianti

Zum Essen sollte man sich einen kräftigen Chianti Classico (aus der Gegend um Greve di Chianti), einen trockenen Rosso di Montepulciano (bei Siena), einen fruchtigen Morellino di Scansano (aus der Maremma) oder – wenn es Weißwein sein soll – einen Bianco di Pitigliano oder einen Vernaccia di San Gimignano kredenzen lassen. Eine gute Gelegenheit, verschiedene Tropfen zu testen, bietet nahe dem Markt **La Divina Enoteca** 2, wo die Sommeliers Bianca und Livio zum Wein Panini, Crostini und toskanische Spezialitäten servieren. Auch in der **Vineria Zanobini** 3 auf der anderen Seite der Halle dreht sich fast alles um den Wein. Salami und Schinken gibt es als Beilage und dazu authentische Atmosphäre.

Wer richtig großen Hunger hat, geht nebenan in die **Antica Trattoria Palle D'Oro** 4. In dem gemütlichen Lokal kann man nur ein *panino* essen, bekommt aber auch toskanische Gerichte, die es nicht überall gibt und trotzdem nicht überteuert sind, z. B. den *caciucco* (Fischsuppe mit geröstetem Brot), ein typisches Gericht der toskanischen Küste, und *baccalà* (Stockfisch). So wie hier muss es früher in den echten fiorentinischen Osterie gewesen sein. Lecker auch der Hauswein aus der Karaffe.

Open Air tafeln

Wer lieber draußen auf der Piazza sitzt, dem seien die bunten Holzstühle der **Trattoria Zà-Zà** 5 empfohlen. In dem In-Lokal kann man sich mittags mit einem Teller Pasta stärken, abends treffen sich hier auch die jungen Florentiner. Die Kellner des Lokals sind trotz starkem Andrang gut gelaunt und die Preise nicht übertrieben. Besonders lecker:

8 | Mercato Centrale di San Lorenzo

die warmen Vorspeisen. Wenige Meter entfernt bietet die **Trattoria Mario** 6 herzhafte Hausmannskost – allerdings nur mittags.

Gleich nebenan kann man bei **Pepò** 7 eine modernere Variante der Osteria testen. Das geschmackvoll eingerichtete Lokal bietet eine in allen Preisklassen gut bestückte Weinkarte. Bei der Auswahl hilft Signora Anna Cenni, die Besitzerin des Lokals, gerne. Auf der Karte stehen nur florentinische und toskanische Gerichte. Die Spezialität des Hauses: *peposo alla fornace* (Rindermuskel mit Soße aus Brot und Pfeffer). Wenn Sie nach dem Essen einen lauen Sommerabend bei der Movida auf der Piazza del Mercato Centrale ausklingen lassen möchten, haben Sie nur ein Problem: sich einen freien Platz zu angeln.

Adressen, Öffnungszeiten, Preise
Mercato Centrale di San Lorenzo: Via dell'Ariento, Mo–Sa 7–14 Uhr;
Da Nerbone 1: dito, pro Gericht 2,50–6,50 €.
Lokale: In der Regel sind Trattorie und Osterie mittags bis max. 15 Uhr und abends 18.30 bis ca. 23 Uhr geöffnet.
La Divina Enoteca 2: Via Panicale 19r, Di–So 10–21 Uhr, ein Glas Wein mit Käse- und Salamihäppchen 5–8 €.
Vineria Zanobini 3: Sant'Antonino, 47r, Mo–Sa 9–14, 15.30–20 Uhr, Wein im Ausschank und Flaschenverkauf.

Antica Trattoria Palle D'Oro 4: Via Sant'Antonio 43–45r, Mo–Sa 12–14.30, 18.30–21 Uhr, Menü 15–25 €.
Trattoria Zà-Zà 5: Piazza Mercato Centrale, tgl. 11–23 Uhr, Menü 20–30 €.
Trattoria Mario 6: Via Rosina 2r, Mo–Sa 12–15.30 Uhr, Menü 20 €.
Pepò 7: Via Rosina 4/6r, www.pepo.it, tgl. 12.30–14.30, 19–22.30 Uhr, Menü 35 €.

Kalorien abstrampeln per Rad
Florence by bike 1: San Zanobi 120/122r, www.florencebybike.it. Rad mieten und am Arno entlang …

51

9 | Die Welt der Medici – im Viertel San Lorenzo

Karte: ▶ E/F 3/4 | **Bus:** 6, 14, 22, 23, C1

Die Medici regierten Florenz fast 300 Jahre lang. Sie waren Bankiers und Päpste, aber auch Mäzene der großen Renaissance-Künstler. In jedem Winkel der Stadt haben sie Spuren hinterlassen. Besonders spürbar ist ihr Einfluss bis heute in der Gegend um die Basilica San Lorenzo. Im Wohnpalast Medici Riccardi haben sie sich in wertvollen Fresken selbst verewigen lassen.

Aufstieg und Fall des Hauses Medici

Keine andere italienische Stadt ist so eng an die Geschicke einer Familie geknüpft wie Florenz an die Medici. Seit dem Begründer der Dynastie – Giovanni de' Medici (1360–1429), Bankier des Papstes – steht ihr Name für Streben nach Macht und immensen politischen Einfluss. In der Familie gab es aber auch zwei große Förderer der Renaissance-Kunst. Der eine war Giovannis Sohn, Cosimo de' Medici (1389–1464), auch der Ältere genannt, der die Kirchen San Lorenzo und San Marco erbauen und von den größten Künstlern seiner Zeit ausstatten ließ. Als er starb, war die Stadt so mächtig und reich wie nie zuvor. Der zweite war sein Neffe und Nachfolger, Lorenzo Il Magnifico (1449–1492), ein Renaissance-Fürst, wie er im Buche stand: Er agierte als machtbewusster Regent und erfolgreicher Diplomat, aber auch als Förderer von Kunst und Wissenschaft und war sogar Verfasser philosophischer Schriften. Sein prunkvoller Lebensstil wurde von dem fanatischen Dominikanermönch Girolamo Savonarola angeprangert und er entkam nur knapp einer im Dom u. a. von der Pazzi-Familie angezettelten Verschwörung. Lorenzos Sohn Giovanni wurde Kardinal – und 1515 als Leo X. zum

9 | San Lorenzo

Papst gekürt. Vom Vatikan aus regierte er die Stadt Florenz weiter.

Der nächste Regent der Stadt war Alessandro de' Medici (1511–1537), ein korrupter und gewalttätiger Despot, der von einem Cousin umgebracht wurde. Ihm folgte Cosimo I. (1519–1574), der seine Macht mithilfe des Militärs festigte. Er wählte den Palazzo Vecchio als Familiensitz und machte ihn zum Wahrzeichen der Medici-Macht. Ein anderes berühmtes Familienmitglied ist Caterina de' Medici (1519–1589), Frau von Henri II. und Königin von Frankreich. Sie hat viele florentinische Rezepte – darunter die Zwiebelsuppe, die in der Stadt noch auf guten Speisekarten steht – in Frankreich eingeführt. Die letzte der Medici, Anna Maria Ludovica (1667–1734), bestimmte vor ihrem Tod, dass die Kunstschätze der Familie weder die Stadt Florenz noch das Großherzogtum Toskana verlassen dürften.

Eine Kirche als Familiengrabmal

Die Hauskirche der Medici und zugleich die älteste Kirche der Stadt ist **San Lorenzo** 1. Wer vorher Santa Maria Novella gesehen hat, ist vielleicht enttäuscht von dem kargeren Innenraum. Doch die Rationalität und die geometrischen Figuren entsprechen dem von Logik und Wissenschaft geprägten Werk des Architekten Filippo Brunelleschi (1377–1446), der die 393 von einer konvertierten Jüdin gestifteten und 1059 im romanischen Stil neu gebauten Kirche zu einem der frühesten Bauwerke der Florentiner Renaissance umgestaltete. Die Außenfassade hingegen wurde nie fertiggestellt.

Im Inneren sind die Bronzekanzeln von Donatello sehenswert, die leider verschlossen sind. Der Künstler ruht in der rechten Kanzel neben seinem Mäzen, Cosimo d. Ä. Ein architektonisches Meisterwerk ist die **Alte Sakristei** von Brunelleschi und ihre Kuppel mit Rundbildern aus dem Leben der Evangelisten. Beachten Sie in der linken Seitenwand Verrocchios Doppelgrabmal der Söhne von Cosimo d. Ä.: Giovanni und Piero, Letzterer genannt der Gichtige, nach der Krankheit, die der ganzen Familie zu schaffen machte. Vom stillen Kreuzgang der Kirche gelangt man in die **Biblioteca Medicea Laurenziana** (1571), in der kostbare italienische Handschriften aufbewahrt werden.

Zeigen, wer man ist – prachtvolle Fresken im Palazzo Medici Riccardi

9 | San Lorenzo

Übrigens: Das Wappen der Medici besteht aus fünf roten und einer blauen Kugel mit Lilien auf goldenem Grund. Es begegnet einem in Florenz auf Schritt und Tritt, meist in der schlichteren Version, bestehend aus sechs einfarbigen Kugeln.

Die **Capelle Medicee** 2 befinden sich in der seitlichen Verlängerung der Kirche. In der Krypta sind die gewöhnlichen Familienmitglieder bestattet. Die **Capella dei Principi** hingegen, ein prunkvoller barocker Kuppelbau, wurde für die sechs Großherzöge reserviert. Über einen engen Gang erreicht man die Sagrestia Nuova und die zwei Herzogs-Sarkophage von Michelangelo mit den vier allegorischen Figuren Morgen und Abend, Tag und Nacht.

Wohnhaus und Familienfresken

Um von der Hauskirche der Medici in das Wohnhaus zu gelangen, muss man am Ausgang nur schräg rechts die Via del Canto dei Nelli überqueren. Der **Palazzo Medici Riccardi** 3 war ab 1544 der Wohnsitz der Bankiersfamilie, bis sie 1540 in den Palazzo Vecchio zog, und ist der Prototyp des florentinischen Renaissance-Palastes. Das geschlossene und abweisende Äußere bildet einen starken Gegensatz zu dem idyllischen Hof mit seinen Bögen, Loggien und Skulpturen. Interessant sind die Wohnräume, z. T. mit Original-Möbeln eingerichtet. Im ersten Stock liegt die **Capella dei Magi,** benannt nach Benozzo Gozzolis Fresko »Zug der hl. Drei Könige«. Dieses zeigt die Medici in Gestalt der Könige und eine fantasievolle toskanische Landschaft.

Infos
San Lorenzo: Piazza San Lorenzo, tgl. 10–17.30, März–Okt. So 13.30–17.30 Uhr, 4,50 €.
Biblioteca Medicea Laurenziana: Mo–Fr 9.30–13.30 Uhr, 3 €.
Capelle Medicee: Piazza Madonna degli Aldobrandini 6, tgl. 8.15–13.50 Uhr, 6 €.
Palazzo Medici Riccardi: Via Cavour 3, Do–Di 9–19 Uhr, 7 €, erm. 4 €.

Markt bei der Kirche
Rund um die Basilica San Lorenzo kann man jeden Tag über einen **Leder- und Souvenirmarkt** 1 schlendern, auf dem Jacken, Taschen, Gürtel und Schuhe unterschiedlicher Qualitäten und Preise feilgeboten werden. Das Angebot ist so groß, dass jeder etwas findet (Di–Fr 7–14, Sa 7–17 Uhr). Bei Sandalen oder T-Shirts sind die Preise meist fix. Wenn es um größere Beträge geht, sollte man allerdings handeln.

Ein Buchladen
Feltrinelli Internationale 2: Via Cavour 12, Mo–Sa 9–19.30 Uhr. Ferienlektüre in deutscher Sprache und Reiseliteratur.

Essen und Trinken
Für eine Pause mit Panino oder Focaccia und einem guten Glas Wein ist die **Antica Sosta degli Aldobrandini** 1 der richtige Ort (Piazza Madonna 5/6r, Mo–Sa 9–23 Uhr, Panino 5 €). Es gibt Tische draußen und Studentenrabatt. Wer es mittags gern deftiger mag, der geht zu **Da Sergio** 2 (Piazza San Lorenzo 8r, nur Mittagessen an Wochentagen 12–15 Uhr, ca. 18–25 €). Hier gibt es exzellente Gemüsesuppen, *bistecca alla fiorentina* sowie dienstags und freitags frischen Fisch.

10 | Durch das Studentenviertel – San Marco

Karte: ▶ F/G 3 | **Bus:** 6, 14, 17, 19, 23, 31, 32, C1, G

Im Viertel um die Kirche San Marco und die Galleria dell'Accademia kreuzen sich die Wege der Stadtbesucher mit denen der Studenten. Zuflucht für Stadtneurotiker bietet der Botanische Garten. Auch in den Studentenlokalen ist die Atmosphäre gelassen.

Zu den hübschesten Sitzplätzen im Stadtzentrum gehören die Bänke auf der **Piazza San Marco.** Morgens sitzen hier neben dem **Denkmal des Generals Manfredo Fanti** Studenten und Angestellte der umliegenden Geschäfte und essen ihre Pausenpizza. Die gibt es frisch duftend auf die Hand in der **Focacceria** 1 auf der Piazza (San Marco 9/B). Der Blick richtet sich auf die Kirche. Diese und das angrenzende Konventgebäude der Silvestriner (heute **Museo di San Marco**) wurden 1437 dank Cosimo d. Ä. dem Dominikanerorden übertragen und von dem Medici-Architekten Michelozzi umgebaut und erweitert.

Der malende Mönch

Die Kirche **San Marco** 1 wurde in der Barockzeit nochmals umgebaut. 1780 entstand die klassizistische Fassade. Aus der Renaissance erhalten sind u. a. Fresken an der Fassadeninnenwand und die von Michelozzi im Stil Brunelleschis errichtete Sakristei. Die Hauptattraktion des Komplexes sind aber der Konvent und die Fresken des malenden Mönchs **Fra Angelico,** der eigentlich Giovanni hieß, aber von den Mitbrüdern »als engelhaft« verehrt wurde. Seine Fresken zeichnen sich durch wenig Dekor und einen strengen Bildaufbau aus. Sie sind im

San Marco

Schönheitskur für Michelangelos Original-David in der Galleria dell'Accademia

ersten Kreuzgang, in der Pilgerherberge und im Kapitellsaal zu sehen. In der Pilgerherberge steht der Hochaltar von San Marco, eines seiner Hauptwerke. Am eindrucksvollsten sind aber die Wandbilder des Dormitoriums im Obergeschoss. In jeder Zelle befindet sich ein Fresko von Fra Angelico oder seiner Mitarbeiter (alle 1440–1441). Als eigenhändige Werke gelten die Bilder in den Zellen 1, 3, 6, 7, 9 und 10. Die Zellen 12 bis 14 sind heute Erinnerungsstätte für den Mönch Savonarola: erbitterter Gegner der Medici, 1498 erhängt und verbrannt auf der Piazza della Signoria. Sehenswert im Obergeschoss: der Bibliothekssaal Michelozzos mit wertvollen Handschriften. Er war der erste der Renaissance und wurde oft nachgeahmt.

Grüne Oase

Nach der Kunst verspricht der **Botanische Garten** der Universität etwas Erholung (er wird auch **Giardino dei Semplici** 2 genannt, denn *piante semplici* bedeutete im Mittelalter Heilpflanzen). Sie halten sich beim Ausgang aus dem Konvent links und biegen gleich wieder links in die Via La Pira ein. Hier liegen die Hauptgebäude der Uni. Der Eingang zu den Gärten ist in der ruhigen Via Micheli, abseits vom Getümmel des verkehrsgeplagten Viertels. Das Botanische Museum und die Gärten wurden 1545 von Cosimo I. eingerichtet. Heute gehört beides zur Universität. Zu sehen sind 9000 Pflanzenarten, darunter 200 Jahre alte Zedern und Mammutbäume, aber auch Heil- und Tropenpflanzen. Besonders schön ist diese Oase der Ruhe im Frühjahr, wenn die weißen Azaleen blühen.

Meisterwerke Michelangelos

Zurück auf der Via La Pira, die Richtung Dom in die Via Ricasoli übergeht, stößt man bald auf die lange Besucherschlange vor der **Galleria dell'Accademia** 3. Um dies zu vermeiden, sollte man die Karten telefonisch vorbestellen. Die Hauptattraktion ist die umfangreiche Sammlung berühmter Skulpturen Michelangelos, allen voran das Original des kolossalen David, dessen Kopie die Piazza della Signoria ziert. Die Kunstakademie wurde 1562 gegründet und von Cosimo I. finanziert. Die angeschlossene Skulpturensammlung diente den Studenten zum Studium. Die Meisterwerke Michelangelos stehen im sogenannten Großen Saal. Sehenswert ist auch die Galerie toskanischer Malerei des 13. und 16. Jh.

Wundertätige Madonna

Bevor man das Studentenviertel verlässt, lohnt sich ein Abstecher zu der nur wenige Gehminuten entfernten **Piazza SS. Annunziata** 4, einem der elegantesten Plätze der Stadt. Er ist das Werk des großen Renaissance-Architekten Brunelleschi und wurde nach der Kirche (1444–1477) benannt, die die Piazza dominiert. Deren barock ausgestatteter Innenraum enthält zahlreiche Kapellen mit wertvollen Gemälden aus dem 15. und 16. Jh. Der Hauptanziehungspunkt für viele Besucher ist aber ein Gemälde der hl. Jungfrau von 1252 in der Capella dell'Annunziata, deren Gesicht angeblich von Engeln gemalt wurde. Seitdem vollbringt die Madonna Wundertaten und die Florentiner danken ihr dafür jeden 7. September mit dem **Fest der Rificolona:** einer Laternenprozession, die von der Kirche durch die Stadt zieht.

> **Übrigens:** Das Kürzel SS stammt vom lateinischen *sanctissimus*, Heiligster, oder *sanctissima*, Heiligste.

Infos

Museo di San Marco und Kirche: Piazza San Marco 1, Mo–Fr 8.15–13.50, Sa, So 8.15–16.50 Uhr; geschl. am 1., 3. und 5. Mo im Monat und 2. und 4. So im Monat, 4 €.
Giardino dei Semplici: Via Micheli 3, tgl. 10–19 Uhr, 16. Okt.–31. März Sa–Mo 10–17 Uhr, 3 €.
Galleria dell'Accademia: Riccasoli 58–60, Tel. 055 29 48 83, Di–So 8.15–18.50 Uhr, 6,50 €, erm. 3,25 €, Vorbestellung 4 €.
SS Annunziata: tgl. 7.30–12.30, 16–18.30 Uhr.

Ein Platz für Kinder

An der Piazza SS. Annunziata 12 gibt es ein weiteres Meisterwerk von Filippo Brunelleschi zu bewundern: das **Spedale degli Innocenti** 5. Das Spital wurde 1445 eröffnet und war eines der ersten Einrichtungen, die Neugeborene – in einer Drehtür – anonym aufnahmen. Interessant: der Bogengang Brunelleschis und die blau-weißen Terrakotta-Tonden mit den Wickelkindern von Andrea della Robbia (1487). Zu besichtigen: die Pinakothek im ersten Stock, u. a. Gemälde von Botticelli und Ghirlandaio (ww.istituto deglinnocenti.it, tgl. 10–19 Uhr, 5 €). In dem ehemaligen Kinderspital befindet sich heute die **Bottega dei Ragazzi.** Sie veranstaltet Workshops für Kinder bis 11 Jahren zu Geschichte und Kunst der Stadt (Mo–Fr 9–13, 16–19, Sa 10–13, 16–19 Uhr).

Studentenleben

Zum Mittagessen gehen florentinische Studenten in das Mini-Lokal **l'Ritrovino de'Servi** 2 (Servi 89r, Mo–Sa 10–16.30 Uhr). Hier kann man sich nicht nur den Belag der Panini, sondern auch die Brotsorte aussuchen. Die Zutaten – von der Spanferkelkruste bis zur Rucola – sind täglich frisch. Gleich daneben liegt der **Pink Street Club** 1 (Servi 82r, Mo–Do 8–21, Fr 8–3.30 Uhr), wo es zum Aperitif Cocktails und Fingerfood, aber auch toskanische Küche gibt. Freitags legt bis spät in die Nacht DJ Set auf.

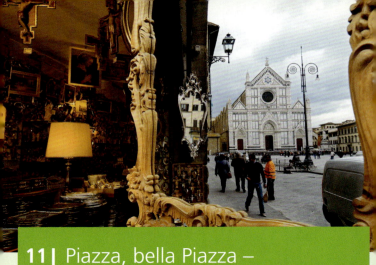

11 | Piazza, bella Piazza – rund um Santa Croce

Karte: ▶ F/G 5 | **Bus:** 23, C1, C2, C3

Der große Platz vor der imposanten Kirche Santa Croce ist verkehrsberuhigt und leer, ein seltener Luxus in Florenz. Die Bänke laden zum Sonnen ein. Die Kirche ist ein Tempel des Ruhms, mit Grabmälern der berühmtesten florentinischen Künstler und Denker. Das angrenzende Viertel gehört seit dem Mittelalter den Ledermachern.

Auf der Piazza Santa Croce scheint die Zeit stehen geblieben zu sein. Steht man vor den antiken Fresken des **Palazzo dell'Antella** 1 kann man die Atmosphäre der Renaissance erahnen – wie die Menschen damals auf der Piazza lustwandelten und wie sie die Spieler des hier im 15. Jh. erfundenen Kostümfußballs anfeuerten. Bis heute markieren die runden Terrakottakacheln auf den Hausnummern 7 und 21 den Mittelstrich des Spielfelds. Auf der Piazza dürfen keine Café-Stühle stehen, dafür gibt es ringsherum noch die alten Steinbänke zum Ausruhen und Schauen.

Pantheon der Florentiner

Die Franziskanerkirche **Santa Croce** 2 war, wie man heute sagen würde, ein Mega-Projekt. Die Bauzeit dauerte fast 100 Jahre – von 1294 bis 1385. In Italien war nur die Peterskirche in Rom annähernd gleich groß. Der Campanile und die Marmorfassade wurden allerdings erst im 19. Jh. fertiggestellt. Der 116 m lange Innenraum gehört zu den beeindruckendsten Beispielen für das toskanisch-florentinische Schönheitsideal der einfachen Formen. Dennoch ist Santa Croce die an Kunstwerken reichste Kirche der Stadt. Sie ist berühmt für die Fresken Giottos und seiner Schüler sowie dafür, dass sie das Pantheon der Florentiner ist. Hier steht nicht nur das riesige Grabmal Michelangelos, auch Gioacchino Rossini, Nic-

11 | Rund um Santa Croce

colò Macchiavelli, Galileo Galilei und Lorenzo Ghiberti liegen hier begraben. Das Grabmal Dantes ist allerdings leer. Es erinnert die Florentiner daran, dass sie diesen berühmten Sohn der Stadt in Ravenna im Exil haben sterben lassen, wo er auch begraben wurde. Vielleicht schaut sein berühmtes Denkmal auf der Piazza, links neben dem Haupteingang zur Kirche, deshalb so streng von oben auf sie hinunter.

Beim Rundgang durch die Kirche sollte man genügend Münzgeld in der Tasche haben, um die Fresken von Giotto beleuchten zu können. Besonders sehenswert sind die Capella Peruzzi mit Spätwerken und die Capella Bardi mit Episoden aus dem Leben des hl. Franziskus. Rechts der Kirchenfassade liegt der Zugang zu den Klosterhöfen, der Capella Pazzi und dem Museo dell'Opera di Santa Croce. In der von Brunelleschi gestalteten Capella Pazzi ist allerdings kein Mitglied der Familie begraben, da diese nach dem Anschlag auf die Medici von 1478 hingerichtet oder verbannt wurden. Im Museum sind u. a. das »Letzte Abendmahl« von Taddeo Gaddi und das große gemalte Kruzifix von Cimabue (um 1270) zu sehen. Letzteres wurde vom Arno-Hochwasser (1966) schwer beschädigt und zum Symbol dieser großen Katastrophe für die Stadt.

Übrigens: Der historische Kostümfußball, der über Jahrhunderte auf der Piazza Santa Croce gespielt wurde, ist eine Art Mix aus Fußball und Rugby, bei dem die Mannschaften der verschiedenen Stadtviertel mit ihren Farben und Wappen aufmarschieren. In jüngster Zeit wurde diese Tradition wiederbelebt. An jedem 24. Juni findet das Endspiel auf der Piazza statt.

Das Viertel der Ledermacher

Neben dem linken Seiteneingang der Kirche in der Via S. Giuseppe, wo sich der Ticketschalter befindet, geht es zur **Scuola del Cuoio** [1], der Lederschule von Florenz. Hier geben florentinische Meister der Lederverarbeitung ihr Wissen an Schüler aus aller Welt weiter. In den Laboratorien können die Besucher dabei zusehen, wie sie Leder zuschneiden, nähen und anpassen. Natürlich kann man hier auch Taschen, Lederaccessoires und Jacken kaufen. Die Preisspanne reicht von 20 € für ein Portemonnaie bis 2000 € für eine Business-Tasche. Ein Besuch des Laboratoriums lohnt sich, Schnäppchen macht man hier keine.

Im Viertel Santa Croce wurde am Arno-Ufer seit dem Mittelalter gehäutet, gefärbt und Leder verarbeitet, wovon noch die Straßennamen Via delle Conce (Gerber), Corso dei Tintori (Färber) und Via dei Saponai (Seifenmacher) zeugen. Heute findet man um die Piazza Santa Croce viele Ledergeschäfte unterschiedlicher Qualität. Zu empfehlen: **Pelletteria Bottega Fiorentina** [2], Showroom in einem Palazzo aus dem 16. Jh. mit handgearbeiteten Lederwaren, Bekleidung nach Maß und ausgefallenen Accessoires (Borgo dei Greci 5r, www.bottegafiorentina.it, 9–13 und 16–20 Uhr, Mo morgens geschl.).

Infos
Santa Croce: Piazza S. Croce, Mo–Sa 9.30–17, So 14–17 Uhr, Eintritt inkl. Museum 6 €.

Sehenswertes nebenbei
Wenige Schritte von der Piazza entfernt liegt die **Casa Buonarotti** [3], eine Art Museum der Familie von Mi-

11 | Rund um Santa Croce

chelangelo (seit ca. 1600). Ausgestellt sind Frühwerke, eine wechselnde Auswahl von rund 200 Originalzeichnungen und zwei bedeutende Meisterwerke: die »Madonna della Scala« (»Treppenmadonna«), ein Marmorrelief des 15-jährigen Michelangelo, und das Relief »Zentaurenschlacht« (um 1492). Zu sehen sind auch die Kunstsammlungen der Familie und reich mit Original-Mobiliar ausgestattete Räume (Via Ghibellina 70, www.casabuonarroti.it, Mi–Mo 10–17 Uhr, 6,50 €, erm. 4,50 €).

Abstecher nach Sant'Ambrogio

Die Gegend um die nur wenige Gehminuten entfernte **Piazza di Sant' Ambrogio** 1 ist das neue In-Viertel der Stadt. Hier kann man morgens auf dem täglichen **Markt** (Piazza Ghiberti) frisches Obst und schicke Klamotten kaufen (s. S. 102). Abends kommen die Florentiner auf ihren Rollern, um die Cocktailbars zu stürmen. Im **Caffè Sant'Ambrogio** gibt es angeblich den besten Spritz der Stadt (Piazza di Sant'Ambrogio 7r, tgl. 10.30–3 Uhr).

Essen und Trinken

Direkt an der Piazza liegt eines meiner Lieblingslokale. Im **Finisterrae** 1 kann man draußen sitzen oder sich drinnen in der Welt des Mittelmeers verlieren. Jeder der geschmackvoll eingerichteten Räume ist einer Stadt an der Mittelmeerküste und deren Küche gewidmet, die Reise geht von Neapel bis Tanger. Auf der Karte stehen typische Fisch- und Fleischgerichte, aber auch Antipasti und Pizza. Große Auswahl an Weinen und Biersorten. Abends kann man an der Bar sitzen (Via dei Pepi 6, www.finisterraefirenze.com, tgl. 11–23 Uhr, Vor- und Hauptspeise 20–25 €).

Einen hervorragenden Mittagstisch mit einem guten Tropfen gibt es bei Pino in der **Enoteca e Salumeria Verdi** 2. Ein Teller Pasta oder Eintopf kostet 3,50 €, Fleisch mit Gemüse 5 € (Via Verdi 36r, www.salumeriaverdi.it, Mo–Sa 8–20 Uhr).

12 | Die Stadt auf einen Blick – San Miniato al Monte

Karte: ▶ G 6/7 | **Bus:** 12, 13

Ein Spaziergang von Santa Croce auf den Hügel von San Miniato lohnt sich doppelt: Die romanische Grabkirche auf der anderen Seite des Arno ist eine der prächtigsten von Florenz und der Blick auf die verwinkelten Gassen, Kuppeln und Türme ein unvergesslicher Moment. Am schönsten ist es bei Sonnenuntergang, wenn die Dächer goldrot schimmern.

Wenn die Sonne nachmittags nicht mehr gnadenlos sticht, kann man einen gemächlichen Aufstieg zu San Miniato wagen (ca. 40 Min. ohne Pause). Von Santa Croce geht es über den Ponte alle Grazie, die Piazza dei Mozzi und links in die Via San Niccolò. Der Weg führt nach der Porta San Miniato durch die Stadtmauer. Von hier geht die Via del Monte alle Croci in die Höhe und mündet in die Viale Galileo Galilei. Mit jedem Schritt weitet sich das Panorama der Stadt mit der großen Kuppel, den antiken Türmen und den toskanischen Hügeln im Hintergrund aus.

Die Kostbarkeiten der Märtyrerkirche

Am eindrucksvollsten ist es aber, wenn man von der Viale Galileo Galilei aus auch die Treppen zur Kirche erklommen hat und hinter einem die weiß schimmernde Marmorfassade von **San Miniato al Monte** **1** (1150–1207) und vor einem die Dächer der Stadt liegen. Steht die Sonne schon tief, dann funkelt auch das goldene Mosaik auf der Kirchenfassade. Der Legende zufolge wurde der Märtyrer Minias im Jahr 250 am Arno-Ufer enthauptet, setzte sich den Kopf wieder auf und erreichte den Berg, wo er starb und seine Grabkirche gebaut wurde. Heute gehören Kirche und Konvent einem Benediktinerorden. Nach dem Baptisterium ist San Miniato

12 | San Miniato al Monte

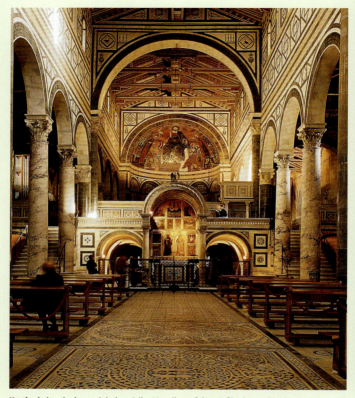

Kostbarkeiten im byzantinischen Stil – Mosaike auf dem Fußboden und in der Apsis

das eindrucksvollste Beispiel der florentinischen Romanik. Der Aufbau ist der einer Basilika mit drei flach gedeckten Schiffen. Besonders kostbar sind die Marmormosaiken des Fußbodens mit Tierkreiszeichen (1207) im Hauptschiff und das Christus-Mosaik im byzantinischen Stil in der Apsis. Ebenfalls eine Kostbarkeit ist die Capella del Crocifisso von Michelozzo (1448) mit Keramikkacheln von Luca della Robbia, wie sie u. a. auch am Spedale degli Innocenti (s. S. 57) zu sehen sind. Der älteste Teil der Kirche ist die Krypta (11. Jh.), wo die Gebeine des hl. Minias aufbewahrt werden. Die Gewölbefresken malte Taddeo Gaddi um 1341. In der Krypta wird bei Sonnenuntergang die Vesper zelebriert, oft mit gregorianischen Gesängen. Links der Kirche liegt der **Cimitero Porte Sante** 2 (um 1860), der Friedhof von San Miniato, mit seinen reich verzierten Mausoleen. Hier sind berühmte Personen begraben, u. a. die Familie des Weltentdeckers Amerigo Vespucci, der Schriftsteller Vasco Pratolini und Carlo Collodi, Autor der Geschichten um »Pinocchio«.

12 | San Miniato al Monte

Rast auf der Panoramaterrasse

Beim Abstieg lohnt sich eine Rast auf der Panoramaterrasse **Piazzale Michelangelo** 3 mit Café, Restaurant und Bar, direkt über die Viale Galileo Galilei zu erreichen. Diese wurde 1865 gebaut, um die Grandezza der Landeshauptstadt Florenz zu zelebrieren, und mit Kopien von Michelangelo-Statuen dekoriert. Hier drängeln sich zwar meist Busse und Menschen, aber ein Blick und vielleicht auch ein Aperitif lohnen sich trotzdem, z. B. in der **Flò Lounge Bar** (s. S. 108), die auch von den Florentinern geschätzt wird. Spätabends, wenn die Touristen fort sind, gehört die Terrasse den Liebespärchen.

Öffnungszeiten

San Miniato al Monte: Via del Monte alle Croci 34, tgl. 9.30–19.30, So 8.15–9.45, 12.30–17 Uhr, Eintritt frei.
Friedhof Porte Sante: April–Sept. 8–18, Okt.–März 8–17, So, Fei 8–13 Uhr.

Noch eine Kirche

Beim Abstieg zur Piazzale Michelangelo (über die Via di San Miniato al Monte) bietet sich noch ein Abstecher zu **San Salvatore al Monte** 4 (1504) an. Michelangelo, der sich hier öfter bei den Franziskanermönchen aufhielt, nannte die Kirche seine *bella villanella*, sein schönes Landmädchen. Eine Besonderheit sind die Tabernakelfenster am Außen- und Innenbau, die in der Hochrenaissance viele italienische Paläste zierten. Besonders sehenswert: »Die Kreuzabnahme« von Giovanni della Robbia, eine verglaste Terrakotta-Majolika in der zweiten der fünf Kapellen.

Essen und Trinken

Für einen romantischen Ausklang des Tages empfehle ich den Abstieg vom Panorama-Hügel und das Restaurant **Filipepe** 1 (San Niccolò 43r, vorbestellen unter www.filipepe.com, nur abends ab 20 Uhr, Menü ca. 50 € pro Person). Hier gibt es abseits der Touristenpfade und bei Kerzenschein – drinnen und draußen – Carpaccio aus Gemüse und Fisch, Ravioli aus roten Kartoffeln, frittierte Salbeiblätter und andere mediterrane Spezialitäten.

Cocktails

Nach dem Essen muss man nicht weit gehen, um sich noch einen Drink zu gönnen. Nur wenige Häuser weiter mixen die Barkeeper von **Il Rifrullo** 1 schmackhafte Drinks. Diese schätzen vor allem auch die Florentiner, die gern auf der Terrasse der Cocktailbar sitzen (Via San Niccolò 55r, Di–So 19.30–1 Uhr).

13 | Fürstliche Pracht – Palazzo Pitti und Giardino di Boboli

Karte: ▶ D/E 6/7 | **Bus:** 6, 11, 36, 37, C3, D

Im größten Palast von Florenz kann man sich verlaufen. Wie Fürsten und Könige hier gelebt haben, zeigen heute ihre wertvollen Sammlungen – von der Kunst bis zur Kleidung. Man sollte eine Auswahl treffen, damit noch Zeit für den Boboli-Garten bleibt, einem der schönsten italienischen Renaissance-Gärten.

Palast der Superlative

Der mächtige **Palazzo Pitti** 1 ist ein weiteres Zeugnis für den Hang zu Superlativen und die nicht gerade bescheidene Art der Florentiner. Der Bau wurde von dem Bankier Luca Pitti in Auftrag gegeben, mit dem ausdrücklichen Wunsch, dass alle Fenster höher sein sollten als die Eingangstür im Wohnpalast der verhassten Medici (heute Palazzo Medici Riccardi, s. S. 54). Die Realisierung des Entwurfs, wahrscheinlich von Filippo Brunelleschi, begann 1457. 1465 mussten die Bauarbeiten unterbrochen werden, weil die Familie bankrott war. Ironie des Schicksals: 1549 kauften die Medici den Palazzo. Der Umzug der Medici aus dem Palazzo Vecchio hatte auch strategische Gründe: Jenseits des Arno waren die Stadtregenten vor Aufständen sicherer

13 | Palazzo Pitti und Giardino di Boboli

und konnten die Bürger mit den Kanonen des Forte Belvedere in Schach halten.

Die Medici beauftragten Bartolomeo Ammaniti mit der Erweiterung des Palastes. Nach ihnen wohnten hier die Großfürstenfamilie Lorena und im 19. Jh. die savoyische Königsfamilie. Der Palazzo ist heute dreimal so groß wie der Originalbau. Allein die Fassade ist 200 m lang. Insgesamt sind auf dem Areal fünf Museen und Sammlungen untergebracht. Um bei der Auswahl behilflich zu sein: Ich finde die Galleria Palatina und die Königlichen Gemächer am interessantesten.

Kunst und Möbel der Palastherren

Die **Galleria Palatina** zeigt florentinische Malerei von der Renaissance bis zum Manierismus, aber auch Meisterwerke von Raffaello, Tiziano, Tintoretto, Rubens und Van Dyck. Im Gegensatz zu den Uffizien sind die Bilder, die einst eine Privatgalerie der Großfürsten Lorena waren, nicht chronologisch, sondern nach dem Geschmack der ehemaligen Besitzer angeordnet. Die fünf sogenannten Planetensäle sind mit Fresken (1641–1647) von Pietro da Cortona ausgeschmückt. Sehenswert: das Badezimmer im Empire-Stil, erbaut 1813 für eine Schwester Napoleons. Im Anschluss kann man die **Appartamenti Reali,** die Königlichen Privatgemächer, besichtigen. Die möblierten und reich mit Gold, Stuck und Seidentapeten verzierten Räume zeigen die unterschiedlichen Stile der aufeinanderfolgenden Palastherren. In der **Galleria d'Arte Moderna** gibt es vor allem neoklassizistische Werke, die Schule der impressionistischen *macchiaioli* (Fleckenmaler) um Diego Martelli und interessante Bilder der Futuristen Giacomo Balla und Filippo Marinetti zu sehen.

Tafelsilber und Porzellantässchen

Ein Gang durch die **Galleria del Costume** in der Palazzina della Meridiana zeigt, wie sich die Palastherren kleideten. Ausgestellt sind kostbare Gewänder der Großherzöge und ihrer Familien, aber auch Theaterkostüme aus dem Atelier von Umberto Tirelli. Im **Museo degli Argenti** ist wertvolles Kunsthandwerk von Graveuren, Silber- und Goldschmieden zu besichtigen, darunter kuriose Stücke wie ein auf einem Seepferdchen reitender Putto oder rö-

Schattige Oase für Stadtflüchter – Giardino di Boboli

13 | Palazzo Pitti und Giardino di Boboli

mische Gefäße aus der Sammlung von Lorenzo il Magnifico.

Nicht im Palazzo, sondern auf einer idyllischen Anhöhe in den Boboli-Gärten, liegt das **Museo delle Porcellane.** Es ist untergebracht in der sogenannten Kavaliersvilla aus dem 18. Jh.. Zu sehen sind die Porzellane der drei Besitzerfamilien des Palazzo: von der Kaffeetasse bis zum Tischfigürchen.

Lustwandeln im Grünen

In den **Giardino di Boboli** 2 gelangt man von der Piazzale di Porta Romana oder durch den Hof des Palazzo Pitti. Hält man sich von hier aus rechts, liegt vor einem ein Spaziergang durch einen der schönsten Gärten *all'italiana*. Nach der **Palazzina della Meridiana** liegt rechter Hand die **Limonaia,** der Zitronengarten aus dem 18. Jh. Von hier aus geht es links zu einem Teich mit der **Fontana dell'Oceano** von Giambologna. Links vom See führt ein von Zypressen flankierter Weg, der **Viottolone,** hoch zum **Casinò del Cavaliere** mit einem der schönsten Blicke über die Stadt. Geradeaus, versteckt im Gartenlabyrinth steht der **Neptunbrunnen,** in Richtung Forte Belvedere das **Kaffeehaus** im Habsburger Stil, das leider geschlossen ist. Am Rückweg liegt das im Barock errichtete **Amphitheater** und der Artischockenbrunnen. Richtung Ausgang kommen noch zwei Highlights: Die **Künstliche Grotte** (1583–1585) des Architekten Buontalenti ist ein monumentales Bauwerk mit echten Stalaktiten, Michelangelo-Skulpturen (Kopien) und einer Venus von Giambologna. Zum Abschied grüßt am **Bacchusbrunnen** der dickbäuchige Hofzwerg Cosimos I., der auf einer Schildkröte reitet. Böse Zungen behaupteten, dass diese dem Herzog wie aus dem Gesicht geschnitten sei. Hier endet der Vasari-Gang, der im Palazzo Vecchio beginnt (s. S. 29).

Öffnungszeiten und Tickets
Giardino di Boboli: April, Mai, Sept./Okt. tgl. 8.15–18.30, Juni–Aug. bis 19.30, Nov.–Feb. bis 16.30, März bis 17.30 Uhr, 1. u. letzter Mo im Monat geschl.
Galleria Palatina, Galleria d'Arte Moderna: Di–So 8.15–18.50 Uhr, aktuelle Eintrittszeiten: www.uffizi.firenze.it/musei, 8,50 €.
Museo degli Argenti/Museo delle Porcellane: s. Giardino di Boboli.
Sammeltickets: Zugang zum Giardino di Boboli, zum Giardino Bardini, zum Museo degli Argenti, zum Museo delle Porcellane und zur Galleria del Costume bekommt für 10 €; Galleria Palatina, Appartamenti Reali und Galleria d'Arte Moderna für 8,50 €; Infos und Vorbestellung: www.uffizi.firenze.it/musei/palazzopitti.

Kulinarisches mit Musik
Ein Abstecher auf die **Piazza della Passera** lohnt sich. Dort gibt es im **Caffè degli Artigiani** 1 fantasievoll zubereitete Salate, Panini und selbst gebackenen Kuchen, freitagabends wird im Sommer Live-Musik gespielt. (Via dello Sprone 16r, 9–1 Uhr, Salat und Getränk 10 €).
Eine besondere Atmosphäre findet man im **Ristorante Terrazza Bardini** 2. In den antiken Sälen der Villa Bardini werden raffinierte Fischgerichte und modernes Design geboten. Auf der Terrasse mit Panorama-Blick auf die Stadt serviert man Aperitifs und Drinks – manchmal auch mit Jazz-Musik. (Costa San Giorgio 6a, Restaurant Di–So 18–23 Uhr, Terrazza 18.30–2 Uhr, www.moba.fi.it, 50 €, s. auch Giardini Bardini, S. 81).

14 | Renaissance-Tempel – S. Spirito und Sta. Maria del Carmine

Karte: ▶ C–E 5/6 | **Bus:** 6, 11, 36, 37, C3, D

Zwei Kirchen sind die Etappen einer kleinen Reise durch die Renaissance: Santo Spirito ist das letzte große Werk des Baumeisters Brunelleschi und meisterhafter Ausdruck der Entdeckung der Perspektive in der Architektur. In der Capella Brancacci von Santa Maria del Carmine schufen mehrere Maler gemeinsam ein großes Meisterwerk, das den Betrachter alle Regeln der Renaissance-Kunst erkennen lässt.

Die »schönste Kirche der Welt«

Wer die Kirche Santo Spirito besichtigen möchte, sollte sein Ziel fest vor Augen behalten. Denn in den Gässchen um den Kirchplatz bieten kuriose Läden mit Klamotten und Kunst und nette kleine Cafés genügend Ablenkung, um das Zeitgefühl zu verlieren. Kommen Sie dennoch nicht von Ihrem Weg ab. Denn Santo Spirito [1] ist das letzte große Meisterwerk Filippo Brunelleschis und eine der wichtigsten Hinterlassenschaften der Renaissance für die Menschheit. Der große Barockkünstler Gian Lorenzo Bernini nannte sie »die schönste Kirche der Welt«.

Architektur als Wissenschaft

Die Fassade der Augustinerkirche ist schlicht, mit nachträglich hinzugefügten barocken Elementen. Der Innenraum ist hell, elegant und harmonisch. Das Besondere ist, dass die drei Schiffe eine architektonische Einheit bilden. Für Brunelleschi – ganz Mensch der Renaissance-Kultur – war der Raum ein Ganzes, bestehend aus idealen geometrischen Körpern. Parallel zur Renaissance-Malerei entdeckte er die Perspektive als Mittel der Architektur, um den Raum zu ordnen. Renaissance kommt von *rinascita*, der Wiedergeburt der antiken Tradition. Nicht mehr das

14 | Santo Spirito und Santa Maria del Carmine

> **Übrigens:** Das einzige zeitgenössische Porträt Brunelleschis befindet sich in der Capella Brancacci in der Szene »Petrus in der Kathedra«. Er steht am rechten Bildrand mit einer schwarzen Kapuze.

Jenseits, sondern der Mensch war nun das Maß der Dinge und dieses Maß erschloss man sich durch die Wissenschaft. Deshalb basiert Brunelleschis Architektur der Raumperspektive auf exakten mathematischen Berechnungen. Santo Spirito und die Domkuppel sind die Meisterwerke dieser neuen, von ihm entwickelten Bauweise.

Unter den Altarbildern in den Seitenkapellen befinden sich wichtige Werke wie die Madonna von Filippino Lippo (Kapelle 12, um 1488) und der Marmoraltar der Corbinelli-Kapelle. Die Sakristei von Giuliano da Sangallo gehört zu den interessantesten architektonischen Werken im Florenz des ausgehenden 15. Jh. Sangallo verband mit nie dagewesener Leichtigkeit ein der römischen Architektur nachempfundenes kassettiertes Tonnengewölbe mit einer achteckigen Kuppel und bekannte sich damit zu Brunelleschis Konzept des einheitlichen Raums.

Das Meisterwerk der Renaissance-Maler

Mit der Piazza Santa Spirito im Rücken geht es rechts über die Via S. Agostino/Via S. Monaca zu **Santa Maria del Carmine** 2. Die 1268 begonnene Karmeliterkirche wurde 1771 durch einen Brand zerstört, nur die berühmte **Capella Brancacci** blieb verschont. Sie wurde 1423 von dem reichen Seidenhändler Felice Brancacci in Auftrag gegeben. Masaccio und Masolino da Panicale sollten die Fresken der Familienkapelle malen. Sie stellten zwölf Szenen zur Ursünde und dem Leben des hl. Petrus fertig. 1428 mussten sie die Arbeit unterbrechen, da die Familie Brancacci von den Medici ins Exil geschickt worden war. Erst 60 Jahre später wurde das Werk von Filippino Lippi vollendet.

Das Ergebnis dieser außergewöhnlichen Teamarbeit ist eine Art Manifest der Renaissance-Malerei oder, wie es Vasari ausdrückte, ein Einblick in die »Schule der Welt«. Die Fresken der Capella Brancacci sind ein einziges Werk, aber die unterschiedlichen Stile werden dennoch deutlich. Masolinos »Sündenfall« (s. Bild S. 67) ist durch die internationale Gotik, d. h. weiche, graziöse Linien geprägt. In Masaccios »Vertreibung aus dem Paradies« hingegen sind die Figuren volkstümlich und lebensnah. Sein Bild »Tempelsteuer« zeigt die Neuerungen der Renaissance-Malerei. Zu sehen sind drei Situationen: Christus (in der Mitte) weist Petrus an, einen Fisch zu fangen (links), in dessen Maul er das Geld findet, um den Steuereintreiber zu bezahlen (rechts). Der Raum ist keine schmale Bühne mehr, sondern eine weite Landschaft: ein unendlicher, nach den Gesetzen der Zentralperspektive konstruierter Raum. Das Verdienst Lippis hingegen ist, dass er sich gekonnt dem Stil Masaccios anpasste, allerdings stellt er die Gesichtszüge schärfer und porträthafter dar. Zu den schönsten Werken des jungen Lippi gehören »Paulus besucht Petrus im Gefängnis« und »Ein Engel befreit Petrus aus dem Gefängnis«.

Gegenüber der Brancacci-Kapelle liegt die **Capella Corsini.** Stärker könnte der Kontrast kaum sein: auf der einen Seite die zarten Linien der Renaissance, auf der anderen ein seltenes Beispiel für den üppigen römischen Barock in Florenz.

14 | Santo Spirito und Santa Maria del Carmine

Infos
Santo Spirito: Mo, Di, Do–Sa 8.30–12, 16–17.30, So 11.30–12.30 Uhr.
Santa Maria del Carmine: Der Eingang zur Capella Brancacci liegt rechts der Kirche. Mo, Mi–Sa 10–17, So 13–17 Uhr, Eintritt 6 €; So und Fei 13–17 Uhr, Vorbestellung erforderlich, Tel. 055 276 82 24 und 276 85 58, www.museicivicifiorentini.it/brancacci.

Pause auf der Piazza
Die Piazza Santo Spirito ist eine der wenigen Plätze der Stadt, wo man unter Bäumen sitzen kann. Von Montag bis Samstag gibt es hier einen **Markt** 1 mit Obst und Gemüse aus dem Umland. Abends war hier früher ein Treffpunkt der ›Szene‹ der jungen Florentiner. Heute teilen sie sich den Platz mit den Touristen. Für mich ist es der beste Ort, einen Sommerabend in Florenz zu genießen. Oft gibt es auch Konzerte, die vielen Lokale sind immer voll.
Die **Cabiria Winebar** 1 hält seit 20 Jahren die Stellung. Hier essen die Florentiner mittags Salat oder Gemüseeintopf, abends gibt's zum Aperitif gratis ein reichhaltiges Buffet, auch mit Pasta und Fleischgerichten. Im Lokal werden auch Kinofilme gezeigt und am Wochenende stehen wechselnde DJs am Mischpult (Piazza S. Spirito 4r, 11–2 Uhr).
Sehr hübsch sitzt man drinnen und draußen in der **Osteria Santo Spirito** 2 – egal ob man florentinische Spezialitäten oder nur Salat bestellt (Piazza S. Spirito 16r, www.osteriasantospirito.it, 12–14.30, 20–24 Uhr, Menü 40–50 €).

Drei Läden
Wer ein Faible für schicke Outfits und edle Accessoires hat, ist bei **Vincent Croce** 2 richtig (Borgo San Frediano 1r, Mo–Sa 10–20 Uhr). Die Frauenmode des Labels ist original made in Florenz. Die Preise sind trotzdem erschwinglich.
Das **Interno 4** 3 gehört zur gleichnamigen Buchladenkette, die sich von den Großverlagen unabhängig machen möchte. Wer italienische Literatur sucht, wird hier bestens beraten (Borgo San Frediano 20r, Mo–Sa 9–13, 15.30–20 Uhr im Sommer, bis 19.30 Uhr im Winter). Im **Twisted Jazz Shop** 4 findet man seltene und nicht ganz billige Jazz-CDs (Borgo San Frediano 21r, Mo–Sa 10–13, 14–19.30 Uhr).

15 | Kupferstecher und Cocktails – Oltrarno

Karte: ▶ C–E 5/6 | **Bus:** 6, 11, 36, 37, D

Am schönsten ist der Ausklang des Tages im Oltrarno-Viertel zwischen Santo Spirito und San Frediano. Hier fertigen kundige artigiani nach alter Tradition wertvolle Kunstdrucke, vergoldete Metalldekorationen und Schuhe nach Maß und lassen sich dabei über die Schulter schauen. Wenn die Werkstätten schließen, ist es Zeit für einen Apéro in einer der In-Bars von Oltrarno, wo die florentinische Nacht am längsten ist.

Steht man auf der Piazza Tarquinio Tasso im Herzen des Viertels San Frediano, scheint Florenz eine ganz normale Stadt zu sein. Die *ragazzi* spielen Fußball, auf den Stühlen vor den gelben Häusern mit den hölzernen Fensterläden sitzen alte Männer und schauen ihnen zu. Ein Gedenkstein erinnert daran, dass italienische SS-Leute hier viele unschuldige Menschen erschossen haben. Die Geschichten der einfachen Leute von San Frediano beschrieb der Schriftsteller Vasco Pratolini in seinem Roman »Die Mädchen von Sanfrediano«. Manchmal waren sie tragisch, manchmal romantisch – aber sie waren immer ein wichtiger Teil der Stadt. Mit den Vierteln Santo Spirito und San Niccolò bildet San Frediano Oltrarno, d. h. den Stadtteil auf der anderen Seite des Arno. Hier lebten seit dem Mittelalter die *ciompi*, die Arbeiter, die vor allem mit dem Waschen und Färben von Wolle ihr Brot verdienten.

15 | Oltrarno

Prunk in den Palästen
Als 1550 die Medici und der ihnen folgende Tross der Stadtpatrizier Pitti und Oltrarno besetzten, brauchten sie für ihre Wohnpaläste und Amtsstuben goldenes und silbernes Dekor, Teppiche und Vorhänge, wertvolle Rahmen, Silbergeschirr, Papier und Gravierungen. In ihrer Umgebung ließen sich (Kunst-)Handwerker nieder: Sie lieferten die gewünschten Waren in die Paläste und perfektionierten ihre Kunst jahrhundertelang. Bis heute sind solche Werkstätten das charakteristische Kennzeichen der engen Gassen des Oltrarno. Hinzugekommen sind fantasievolle Geschäfte von jungen Leuten und ein paar schicke Cafés. Aber die alten Bars, wie das **Cafè Ricchi** 1 (7–1 Uhr) an der Piazza Santo Spirito Nr. 8, gibt es immer noch. Es wurde allerdings neu gestylt und durch ein Restaurant erweitert.

Hauchdünnes Gold
Valerio Romanellis Familie lebt hier seit dem 13. Jh. Er arbeitet in einer kleinen **Werkstatt** (mit Verkauf) in der **Via del Leone 43** 1, nur wenige Schritte von der Piazza Tasso entfernt, die er von seinem Vater übernommen hat. Hier drinnen schwebt über allem ein goldener Glanz, denn Romanelli überzieht Rahmen und Ikonen mit hauchdünnem Blattgold. Sein Instrument ist ein Pinsel, mit dem er die Blättchen blitzschnell andrückt und flach pinselt. Kein kostbares Gold soll vertan werden, ein Kästchen der Blätter kostet immerhin 400 €. Signor Romanelli verkauft vor allem an den Souvenirhandel. Als er jung war, seien hier alle Handwerker gewesen, sagt er. Heute haben kleine Fabriken die Tradition modernisiert.

Traditionen bewahren
Daran denkt der Goldzauberer ebenso wenig wie der Kupferstecher Gianni Raffaeli, der immer noch die alte Kunst der Aquatinta-Radierung pflegt (**L'ippogrifo** 2, Via S. Spirito 5r). Dass die Kupferstecherkunst vor allem in Florenz lebendig gehalten wird, ist kein Zufall. Das erste mit dieser Technik hergestellte Fresko kommt aus Florenz.

Raffaellis Bottega erreicht man in wenigen Gehminuten von der Via Leone, wenn man sich nach der Werkstatt von Romanelli rechts hält und am Ende rechts in den Borgo San Frediano einbiegt, der in die Via Santo Spirito übergeht. Hier stehen die Kupferplatten, die Signor Raffaelli mit Wachs überzieht, um darin filigrane Motive zu ritzen. Anschließend wird alles mit der Säure Aquaforte benetzt, um auch Schattierungen einzuarbeiten. Raffaelli benutzt Vorlagen für seine Florenz- und Venedig-Veduten, er entwirft aber auch eigene Motive.

Straße der Antiquitäten
Vom Kupferstecher sind es, in Richtung Piazza Pitti, nur ein paar Schritte zur berühmten **Via Maggio**. In fast jedem der edel ausgestatteten Schaufenster sind antike Möbel, Spiegel, Keramik, Skulpturen und Gemälde ausgestellt. Hier gibt es das Beste und natürlich das Teuerste, was florentinische Antiquitätenhändler zu bieten haben. In der Via Maggio residierte der Hof der Medici, dementsprechend prachtvoll sind die Palazzi. Es lohnt sich, den ein oder anderen bogenverzierten Innenhof zu besichtigen, z. B. Palazzo Zanchini-Corbinelli und Palazzo Dami.

Dolce vita heißt Aperitif
Wenn die Geschäfte und Werkstätten schließen, ist in Oltrarno der richtige Moment für einen entspannten Apéro. Von der Via Maggio aus bietet sich zunächst das **Pop Café** 1 an der nahe gelegenen Piazza Santo Spirito an. Hier

15 | Oltrarno

Goldblatt für Goldblatt selbst aufgetragen – im Verkaufsraum von Valerio Romanelli

mixt Clementina Mojito und Biodrinks mit oder ohne Alkohol. Mittags gibt es Fingerfood, Reisgerichte, Sushi und Salate, und man kann im Schatten auf der Piazza sitzen. Sonntags gibt es für 8 € vegetarischen Brunch von 12.30–15 Uhr (Piazza S. Spirito 18a/r, 12.30–2 Uhr).

Ebenfalls an der Piazza befindet sich die **Cocktail Bar Volume** 2. Hier war früher eine Schreinerei untergebracht und die neuen Besitzer haben die Werkzeuge und Drehbänke nicht weggeräumt. So kann man heute beim Drink antike Fotos und Schnitzmesser bestaunen (Piazza S. Spirito 5r, Mo–Sa 11–1 Uhr).

Auf Florentinisch heißt Aperitif **Dolce Vita** 3, wie das Lokal an der Piazza del Carmine. In dem schicken Ambiente treffen sich die Schönen der Nacht. Zum Aperitif gibt es ein großes Buffet gratis dazu (Piazza del Carmine 5r, www.dolcevitaflorence.com, 17–2 Uhr).

Möchten Sie hingegen noch eine halbe Stunde am Arno-Ufer entlangspazieren, dann gehen Sie einfach los in Richtung Porta Niccolò. An der bestimmt schon von jungen Leuten mit Gläsern besetzten Piazzetta vor der Via dei Renai steigt im **Zoe** (s. S. 109) und im **Negroni** (s. S. 108), zwei typisch florentinischen Nachtlokalen, zu später Stunde die Stimmung.

Auf den Spuren von Machiavelli

Auch der berühmte Florentiner Niccolò Machiavelli (1469–1527) lebte in Oltrarno. Das Familienhaus, der **Palazzo**

15 | Oltrarno

Machiavelli [1], steht bis heute in der Via Santo Spirito 5–7 und grenzt seitlich an die Kirche an. Er selbst schrieb und starb aber in einem Palazzo in der Via Giucciardini, der im Zweiten Weltkrieg zerstört wurde. Machiavelli war ein hoher Verwaltungsbeamter der Medici, von denen er dann aber verhaftet, gefoltert und ins Exil geschickt wurde. Am fürstlichen Hof lernte er alle Tücken und Intrigen der Machtpolitik kennen und schrieb daraufhin sein ebenso berühmtes wie umstrittenes Werk »Der Fürst«. Machiavelli gilt durch seinen positivistischen Ansatz als Begründer der modernen Politikwissenschaft.

Tour Botteghe Antiche
Wenn Sie die Werkstätten der *artigiani* nicht auf eigene Faust besichtigen möchten, können Sie sich einer Führung anschließen. Diese sieht den Besuch von drei Ateliers vor und dauert ca. 3 Std. Treffpunkt Mo und Do 15 Uhr an der Piazza Pitti, Führungen auf Italienisch und Englisch, 10 €, Sommerpause letzte Juli- bis 2. Septemberwoche (Tel. 055 265 45 87, www.qnholidays.it).

Drei Läden
Allein der unwiderstehliche Duft von gemahlenen Kaffeebohnen lohnt den Besuch der **Torrefazione Fiorenza** [3], wo die Wahl zwischen den Sorten schwerfällt. In dem Traditionsladen kann man auch viele italienische Spezialitäten finden (Via Santa Monaca 2r, Mo–Sa 8.30–13, 15–19.30 Uhr). Bei **Castorina** [4] gibt es vergoldete Rahmen, Putten und andere barocke Dekorationsgegenstände (Via S. Spirito 13–15r, Mo–Fr 9–13, 15–19, Sa 9–13 Uhr). **Mannina** [5] hingegen näht seit 50 Jahren hochwertige Lederschuhe von Hand. Hier kann man sich Modelle aller Art nach Maß fertigen lassen (Viade' Barbadori 19r, www.manninafirenze.com, Mo–Sa 9.30–19.30, So 10.30–18.30 Uhr).

Essen und Trinken
An der Piazza del Carmine, die leider immer noch ein riesiger Parkplatz ist, gibt es nicht nur Apéros, sondern auch ein Esslokal der besonderen Art: die **Trattoria Napoleone** [2]. Sie wird geführt von dem Afrikaner Maxim Ngona und einer Florentinerin und dieser Mix funktioniert offensichtlich ausgesprochen gut. Die Küche ist fantasievoll mediterran. Aber es gibt auch Pizza und die Preise sind nicht übertrieben. Geschmackvolles Ambiente, große Tische, aber auch lauschige Ecken und Tische auf dem Platz (Piazza del Carmine, bitte reservieren unter www.trattorianapoleone.it oder Tel. 055 28 10 15, tgl. 19–1 Uhr, Menü 35 €).
Am Arno-Ufer hingegen befindet sich das **Nove** [3], ein trendiges Restaurant mit Bar und eher gehobenen Preisen. Im Sommer sollte man einen Tisch auf der Veranda reservieren, wo man unter der Woche ruhig sitzen kann (Lung' Arno Guicciardini 10/Piazza Scarlatti 1, Di–Do, So 9.30–1.30, Fr, Sa 19.30–2 Uhr, Menü 50 €).
Rustikaler geht es bei **Angiolino** [4] zu, wo auch die Florentiner ihre *bistecca* und ihren Hammelbraten essen; dazu gibt es erlesene toskanische Weine. Es herrscht die typische Atmosphäre einer florentinischen Trattoria, wo die Einrichtung eher einfach und die Fleisch- und Gemüsegerichte nach Hausfrauenart sind (Via S. Spirito 36r, www.trattoriaangiolino.it, Di–Sa 12.30–14.30, 19.30–22.30 Uhr, So 12.30–14.30 Uhr, Menü 25–30 €).

Noch mehr Florenz

Bauwerke

Certosa ▶ Karte 4
Galluzzo, Di–So 9–12, 15–17 Uhr, im Sommer bis 18 Uhr, Eintritt frei
Das Kartäuserkloster liegt 5 km südlich von Florenz im Vorort Galluzzo und kann vom Zentrum aus problemlos mit dem Bus 37 erreicht werden. Die Certosa ist ein mächtiger Gebäudekomplex, der auf einem Fels thront. Er wurde 1342 von Niccolò Acciaoli gegründet und mehrfach umgestaltet. Seit 1958 wird das Kloster von Zisterziensiermönchen bewohnt, die sich weltweit einen Ruf als kundige Buchrestauratoren erworben haben. Im Sommer finden in der Certosa Konzerte statt. Es gibt täglich mehrere Führungen. Die frühere Klosterapotheke verkauft Souvenirs und Klosterlikör.

Forte di Belvedere ▶ E 6/7
Via Forte di San Giorgio, Bus 12, geöffnet bei Ausstellungen, So Führungen 10, 11 und 12 Uhr
Zu der sternförmigen Festung kommt man am besten – über die Costa San Giorgio – zu Fuß oder mit dem Taxi. Sie wurde 1590–1595 von Buontalenti für Großherzog Ferdinand I. erbaut, um die Vorherrschaft der Medici über die Stadt zu sichern. In ihrer Mitte befindet sich ein kleiner Palast, in dem sporadisch Ausstellungen stattfinden. Der Park mit dem herrlichen Panoramablick über die Stadt bietet sich an für ein Picknick. Bei Sonnenuntergang gehört er den Pärchen, die sich hier treffen.

Fortezza da Basso ▶ D/E 2
Viale Filippo Strozzi, Bus: 1, 6, 8, 14, 17, 20, nur bei Ausstellungen und Messen geöffnet, liegt direkt am Hauptbahnhof Santa Maria Novella
Die imposante Festung wurde 1535 nach einem Entwurf von Antonio da Sangallo erbaut. Auftraggeber war Alessandro de' Medici, der erste Herzog des Geschlechts der Medici. Die Errichtung der Fortezza hatte Kaiser Karl V. zur Bedingung für die Hochzeit Alessandros mit seiner unehelichen Tochter Margarete gemacht, die aus dem Verhältnis mit einer Magd stammte. Seinerzeit galt die fünfeckige und sternförmig angelegte Ziegelburg als hochmoderne Verteidigungsanlage. Doch dem Tyrannen Alessandro rettete sie dennoch nicht das Leben. Der 1511 geborene Medici wurde bereits 1537 von seinem jüngeren Cousin Lorenzino ermordet. Er hinterließ keine Nachkommen. Das Erbe der Medici ging an Cosimo I.

Palazzo Davanzati ▶ E 5
Via Porta Rossa 13, Bus: 6, 11, C2, C3, D, tgl. 8.15–13.50 Uhr, am 1., 3., 5. Mo und 2. und 4. So im Monat geschlossen, 2 €
Ein innen und außen bestens erhaltener bzw. vollständig restaurierter Palazzo aus dem 14. Jh., in dem damals mehrere Familien gewohnt haben. 1578 gelangte er in den Besitz des Kaufmanns Bernardo Davanzati. Anfang des 20. Jh. erwarb ihn der Kunstsammler Elia Volpi und vermachte ihn 1951 dem Staat.

Noch mehr Florenz

Heute sind einige Räume wieder mit Original-Mobiliar eingerichtet und zeigen, wie die Florentiner im Mittelalter gelebt haben.

Palazzo Gondi ▶ F 5
Piazza San Firenze, Bus: C1, C2
Der Stadtpalast wurde von Giuliano da Sangallo entworfen und 1491 von Giuliano Poggi vollendet. Es handelt sich um einen typischen Patrizierpalast der Frührenaissance. Die Fassade ist streng durchkomponiert. An ihr wurde mit einem optischen Trick gearbeitet: Die Zeichnungen der Steinquader nehmen von Stockwerk zu Stockwerk ab und dadurch erscheinen die drei etwa gleich hohen Geschosse von unten nach oben niedriger und leichter. Treten Sie in den mit Arkaden verzierten Innenhof ein, wenn Sie ein paar Minuten Zeit haben. So bekommen Sie am besten einen Eindruck von der Atmosphäre dieser Zeit.

Palazzo Strozzi ▶ E 4/5
Piazza degli Strozzi, www.palazzo strozzi.org, Bus 6, 11, C2
Er gilt als Machtsymbol einer der wichtigsten florentinischen Familien, aber auch als architektonisch vollkommenster Palast der Florentiner Renaissance. Er stand Modell für den Bau späterer Paläste wie den Palazzo Medici Riccardi. Das Wohn- und Repräsentationsgebäude wurde von Giuliano da Sangallo entworfen, der Bau von 1489 von Benedetto da Maiano begonnen und 1504 von Cronaca abgeschlossen. Charakteristisch sind die groben Rustikaquader der Fassade sowie die Fackelhalter und Laternen. Heute sind hier Kulturinstitute untergebracht, es werden aber auch Kunstausstellungen und Modenschauen veranstaltet.

Gotteshäuser

Ognissanti ▶ D 4
Borgo Ognissanti 42, Bus: 36, C3, D, Mo–Sa 9–12, 16–17.30, So und Fei 16–17.30 Uhr (Besichtigung des Abendmahl-Freskos)
Die Kirche wurde 1251 von den Benediktinern gegründet, aber 1637 von

Vollkommene architektonische Harmonie – im Innenhof des Palazzo Strozzi

Noch mehr Florenz

Mit Kindern in Florenz unterwegs

Das Laufen durch die engen Gassen mit dauerndem Gehupe und Verkehrslärm ist für Kinder ermüdend. Aber die Stadt bietet – außer viel gutem Eis – durchaus Attraktionen, die den ermatteten Nachwuchs wieder aktivieren.

Im Palazzo Vecchio lädt das **Museo dei Ragazzi** (▶ E 5, www.museoragazzi.it, auf Engl.) mit Workshops, Spielen und Führungen zu den Themen Stadtgeschichte, Medici, Kunst und Theater ein. Im Palazzo Vecchio selbst werden besondere Führungen angeboten, für die sich Kinder begeistern, so etwa zur Scala del Duca di Atene (einer geheimen Treppe in der Mauer des Palazzo, die 1342/1343 gebaut wurde) oder in den verborgenen Studierzimmer von Cosimo I. und Francesco I. – das Tesoretto e Studiolo. Diese werden von Historikern auch ›Wunderkammern‹ genannt, denn hier haben die beiden Medici-Fürsten ihre Schätze und seltsame Erfindungen aufbewahrt.

Im kleinen **Museo di Prestoria** nahe der Piazza Santa Croce erwartet die Besucher am Eingang das Skelett eines Höhlenbären. Des Weiteren sind Knochen, Versteinerungen etc. aus der Vorzeit und mehrere menschliche Skelette ausgestellt (▶ F 4, Via Sant'Egidio 21, www.museofiorentinopreistoria.it, Mo 15.30–18.30, Mi, Fr, Sa 9.30–12.30, Di, Do 9.30–12.30, 15.30.18.30 Uhr, 3 €). Aktuelle Informationen zu Museumsbesuchen für Kinder in Florenz, auf Englisch: www.kidsarttourism.com/en/category/citta/firenze.

Bei einem längeren Aufenthalt lohnt sich ein Ausflug zum **Parco di Pinocchio** in Collodi bei **Pescia** (▶ Karte 4), der Geburtsstadt des Pinocchio-Autors Carlo Collodi. In dem Erlebnispark mit historischen Karussells, Bänkelsängern und Marionettentheater dreht sich alles um die Abenteuer der berühmten Holzpuppe (Collodi bei Pescia, 55 km westl. von Florenz, Tel. 0572 42 93 42, www.pinocchio.it, auch auf Deutsch, tgl. 8.30 Uhr bis Sonnenuntergang, Erwachsene 11 €, Kinder 8 €).
Siehe auch **La Bottega dei Ragazzi,** S. 57.

Matteo Negetti vollkommen umgestaltet. Nur der Campanile ist original erhalten geblieben. In der barocken Kirche sind einige große Kunstwerke zu besichtigen, u. a. Botticellis Fresko »Der hl. Augustinus« (1480) und Domenico Ghirlandaios Bild »Der hl. Hieronymus«, ebenfalls von 1480. Im Refektorium des Franziskanerklosters kann man Ghirlandaios berühmtes »Abendmahl« (1480) besichtigen. Die reich gestaltete Szene zieht sich über die gesamte hintere Wand (8,10 x 4 m). Domenico Ghirlandaio (1449–1494) war einer der kreativsten Maler der Florentiner Renaissance. Seine Fresken zieren auch die Kirchen Santa Maria Novella, Santa Trinità und San Marco. Das »Abendmahl« von Ognissanti gehört zu seinen wichtigsten Werken, es ist mit Sicherheit das Schönste seiner Abendmahl-Bilder. Jesus sitzt hier mit seinen Jüngern in einer Loggia an einer langen Tafel. Über der Tischgesellschaft öffnet sich der Himmel. Die Wipfel der reglosen Obstbäume, Zypressen und Palmen deuten darauf hin, dass es sich um eine toskanische Landschaft handelt. Weitere Schätze der Kirche sind das Grab von Botticelli und ein Gewand des hl. Franziskus.

Noch mehr Florenz

Sant'Ambrogio ▶ G/H 4
Piazza Sant'Ambrogio 6, Bus: 14, C2, C3, Mo–Sa 7.30–12, 16.30–18, So 8–12 Uhr
Die Benediktiner bauten diese Ordenskirche 393 vor dem Stadttor, der Porta di San Pietro. Sie sollte daran erinnern, dass der Mailänder Erzbischof Ambrosius die Stadt in jenem Jahr besucht hatte. Der jetzige Bau stammt aus dem 13. Jh. 1716 wurde ihm eine barocke Form gegeben und rund hundert Jahre später wurde er wieder in seinen früheren Zustand zurückgeführt. Die Cappella del Miracolo wurde errichtet, um einem Wunder zu huldigen. Angeblich hat sich im Jahr 1230 ein Tropfen Wein in einem Kelch in einen Tropfen Blut verwandelt. Das Tabernakel stammt von Mino da Fiesole, die Fresken von Cosimo Roselli (1468). Im Viertel rund um die Kirche kann man noch das alte Florenz ohne Putz und Fassaden sehen. Zum Teil leben hier auch noch ›echte Florentiner‹.

Santa Felicità ▶ E 6
Piazza S. Felicità, Bus: C3, D, Mo–Sa 9.30–12, 15.30–17.30 Uhr
Die Struktur dieser kleinen Kirche wurde mehrere Male verändert. Ihr Ursprung liegt im 4. Jh., Mitte des 16. Jh. wurden die romanischen Fundamente und die Kuppel zerstört, um Platz für den Vasari-Gang (s. S. 29) zu schaffen. Heute stellt sich die Kirche als Bauwerk des Hochbarock dar. Dieses entstand zwischen 1736 und 1739, die Anbauten wurden miteinbezogen. Der Innenraum mit dem einschiffigen Langhaus und dem großen Chor entspricht dem Florentiner Kirchentypus. Nach der Vorhalle rechts liegt die Cappella Capponi (um 1420) von Brunelleschi. Diese wurde von Pontormo (Jacopo Carrucci, 1494–1556) ausgeschmückt. Seine beiden Fresken »Verkündigung« und »Grablegung« gehören zu den frühen großen Werken des Manierismus.

Santa Maria Maddalena de' Pazzi ▶ G 4
Borgo Pinti 58, 6, 14, 19, 23, 32, C1, Mo–Sa 8–12.30, 16–19, So 8–12.30, 16–19 Uhr, kein Eintritt, Spende erbeten
Die Kirche wurde 1257 als Teil eines späteren Zisterzienserklosters erbaut und von 1479 bis 1500 durch Giuliano da Sangallo umgestaltet. Hier werden wertvolle Gemälde des 17. und 18. Jh. aufbewahrt. Die Kapelle ist eines der wenigen Beispiele des römischen Barock in Florenz. Hauptattraktion der Kirche ist aber das monumentale Fresko »Kreuzigung« (1493–1496) von Perugino. Dieses wird durch gemalte Arkadenbögen in drei Szenen geteilt. In der Mitte sieht man Christus am Kreuz mit der knienden Magdalena, der die Kirche geweiht wurde. Hinter dem rechten Bogen steht die Jungfrau Maria, neben ihr kniet Bernardo di Chiaravalle, ein großer Theologe der Frühzeit des Zisterzienserordens. Den Hintergrund füllt eine harmonische Landschaft aus. Pietro Perugino, eigentlich Vanacci (ca. 1450–1523), stammte aus Perugia in Umbrien. Er unterhielt Werkstätten in seiner Vaterstadt und in Florenz. Einer seiner berühmtesten Schüler war Raffael, der von ihm die weiche Gestaltung der Formen übernahm.

Santa Trinità ▶ E 5
Piazza S. Trinità, Bus: 6, 11, C2, C3, D, tgl. 8–12, 16–18 Uhr, Eintritt frei
Die Basilika wurde im 11. Jh. von den Vallombrosanern erbaut. Im 13./14. Jh. erhielt sie ihre gotische Form und 1594 durch Bernardo Buontalenti ihre barocke Fassade. Dennoch sind Spuren der dekorativen Malerei aus dem 13. Jh. erhalten geblieben. In der Sassetti-Kapel-

Noch mehr Florenz

li kann man Domenico Ghirlandaios »Anbetung der Hirten« (1483–1486) und seine Fresken zum Leben und Wirken von Franz von Assisi besichtigen, u. a. die »Erweckung eines Knaben«. Sehenswert ist auch der Freskenzyklus zum Marienleben von Lorenzo Monaco in der Bartolini-Salimbeni-Kapelle.

Santi Apostoli ▶ E 5
Piazza del Limbo, Bus: C3, D, Mo–Sa 10–12, 16–18 Uhr, Eintritt frei
Eine Inschriftentafel auf der Fassade dieser Kirche weist darauf hin, dass diese 807 von Karl dem Großen erbaut wurde. Diese Legende wurde inzwischen entkräftet, das Baujahr wird jetzt auf 1050 datiert. Im Laufe der Jahrhunderte hat sie mehrere Überschwemmungen überstanden. Die altchristliche Basilika steht auf dem Grund eines ›Limbo‹ genannten Friedhofs für ungetauft gestorbene Kinder. Der Baumeister ist unbekannt.

Die Kirche von außen zu betrachten ist nicht einfach, da die Basilika dicht von anderen Gebäuden umstellt ist. Im Kircheninnern ist u. a. das Altarbild »Die unbefleckte Empfängnis« (1451) von Georgio Vasari zu besichtigen. Das Tabernakel im linken Seitenschiff schuf Giovanni della Robbia um 1500 aus wertvollen Majolika. In der ersten Kapelle wird das Kohlebecken aus dem 14. Jh. aufbewahrt, mit dem am Ostermorgen das Feuer für den Scoppio del Carro (s. S. 18) in den Dom gebracht wird.

Sinagoga e Museo Ebraico ▶ G 4
Via Farini 4, Bus: 6, 14, 31, 32, C1, Juni–Sept. Sa–Do 10–18.30, Fr 10–14.30, Okt.–Mai Sa–Do 10–17.30, Fr 10–15 Uhr, 6,50 €
Als Florenz Hauptstadt Italiens wurde, fielen dem Abriss des mittelalterlichen Zentrums auch das Ghetto und die Synagoge zum Opfer. Das neue Gebäude mit der hohe Kuppel wurde von 1874 bis 1882 erbaut. Der Innenraum ist reich dekoriert mit Fresken, Intarsien aus Holz, Mosaiken und mehrfarbigen Glasfenstern. In dem angeschlossenen Museum kann man u. a. liturgisches Gerät, wertvolle Stoffe, Möbel, Bilder und Fotos besichtigen. Es dokumentiert die wichtigsten Momente der jüdischen Gemeinde in Florenz.

Museen

Museo dell'Opera del Duomo ▶ F 4
Piazza Duomo 9, Bus: 23, C1, C2, Mo–Sa 9–19.30, So 9–13.40 Uhr, 6 € (bis Herbst 2015 geschlossen)
Im Museum stehen Exponate aus dem Dom, dem Campanile und dem Baptisterium. Es ging ursprünglich aus der Dombauhütte hervor, die seit dem 15. Jh. auf dem Platz stand. Heute befinden sich hier viele Skulpturen der gotischen Domfassade, die durch die täglichen Abgase gefährdet wurden. Sehenswert sind vor allem Michelangelos nicht vollendete »Pietà« (1540–1553), die beiden Sängerkanzeln von Donatello (1433–1439) und Luca della Robbia (1431–1438).

Hier steht auch das restaurierte Original von Ghibertis großartiger »Pforte zum Paradies«, dessen Kopie eine der Hauptattraktionen des Baptisteriums ist (s. S. 39).

Museo di Casa Martelli ▶ E4
Via Zanetti 8, www.polomuseale. firenze.it/en/musei/?m=casamartelli, Bus: C2, nur für Führungen geöffnet: Do 14, 15.30, 17, Sa 9, 10.30, 12 Uhr, Tel. 055 21 67 25, 15 €
Der prunkvoll dekorierte Palast wurde im Jahr 1627 von der Patrizierfamilie

Noch mehr Florenz

Tipps für Museumsbesuche

Vorbestellen: Bei einem Museumsbesuch in Florenz muss man mit langen Schlangen und Wartezeiten rechnen. Deshalb empfiehlt sich eine rechtzeitige Reservierung – in der Hochsaison bedeutet das etwa vier Wochen vor dem Besuch. Für alle staatlichen Museen kann man Karten telefonisch vorbestellen (unter Tel. 055 29 48 83) oder online reservieren (www.firenzemusei.it und www.polomusealefirenze.it). Der Vorverkaufszuschlag beträgt 3 € pro Person.
Firenzecard: Für 72 € erhält man 72 Stunden lang freien Eintritt in die wichtigsten Museen, inklusive der aktuellen Ausstellungen, und freie Nutzung der öffentlichen Verkehrsmittel (www.firenzecard.it).
Ermäßigter Eintritt (staatl. Museen): Lehrer sowie EU-Bürger von 18 bis 25 Jahren.
Freier Eintritt (staatl. Museen): EU-Bürger unter 18 und über 65 Jahren, Nicht-EU-Bürger unter sechs Jahren, Studenten der Kunst und anderer Fakultäten, Personen mit Handicap.
Ruhetage: in der Regel Montag, manchmal auch Sonntag.
Alle Museen im Überblick: Bei der Touristeninformation APT (s. S. 19) erhalten Sie einen Ausdruck aller Museen mit Öffnungszeiten. Sie können sich auch online informieren unter www.firenzeturismo.it, www.firenzemusei.it und www.polomusealefirenze.it.

Martelli gekauft, deren Mitglieder sich als Kunstmäzene betätigten. Dementsprechend reich ausgestattet ist das Museum, das nicht nur Gemälde und Büsten aus verschiedenen Jahrhunderten zeigt, u. a. von Donatello, Luca Giordano und Bruegel d. J., sondern auch Statuetten, Möbel, Dekor und Gebrauchsgegenstände. Ein besonderer Augenschmaus ist das Atrium mit Trompe-l'oeil-Malereien im Stil antiker Architektur.

Museo di Storia della Fotografia Alinari ▶ E 3
Largo Alinari 15, www.alinarifondazione.it, Bus: 6, 11, 22, 36, 37, C2, Do–Di 10–18.30 Uhr, 9 €
Das Fotomuseum wurde 1985 eröffnet und ist das erste Italiens. Es wurde den Gebrüdern Alinari gewidmet, die 1852 mit großem Erfolg ein Fotostudio in Florenz eröffneten. Zu sehen sind 350 000 Originalabzüge bedeutender italienischer und internationaler Fotografen. Natürlich gibt es auch eine große Sammlung von Fotos, die Florenz zeigen, wie es einmal war.

Regelmäßig werden zudem Wechselausstellungen zeitgenössischer Fotokünstler angeboten. Das Museum widmet sich auch dem Aspekt der Entwicklung der Fototechnik.

Museo Horne ▶ F 5
Via dei Benci 6, www.museohorne.it, Bus: 23, C1, C3, Mo–Sa 9–13 Uhr, 6 €
Das Museum mit dem seltsam unitalienischen Namen haben die Florentiner dem Engländer Herbert Percy Horne (1864–1916) zu verdanken. Der Sammler, Kunsthistoriker und Architekt hat seine bedeutende Kunstsammlung samt Palazzo aus dem 15. Jh. dem italienischen Staat hinterlassen. Die Räume sind gefüllt mit Ausstattungsstücken

Noch mehr Florenz

der Renaissance: Kunstwerken, Möbeln, Gerätschaften und Alltagsgegenständen. Inmitten dieser Objekte kann man den Lebensstil und das Lebensgefühl der Bewohner dieser Epoche nachempfinden. Besonders sehenswert sind das Tafelbesteck und die Keramiken aus dem 14. bis 17. Jh. Unter den Ausstellungsstücken sind auch wertvolle Kunstwerke wie der »Heilige Stefan« von Giotto oder die »Engel in Seligkeit« von Bernini.

Am Museumsschalter kann man auch das Ticket für eine Führung durch die **Casa Vasari,** Wohnsitz des berühmten Medici-Architekten, erhalten (Borgo Santa Croce 8, 6 €).

Museo Marino Marini ▶ E 4
Piazza S. Pancrazio 1, www.museo marinomarini.it, Bus: 6, 11, 12, 36, 37, Mo, Mi–Sa 10–17 Uhr, 6 €
Marino Marini (1901–1980) ist einer der bedeutendsten zeitgenössischen Bildhauer Italiens. Die Sammlung, die er der Stadt Florenz hinterlassen hat, ist in der ehemaligen Kirche San Pancrazio zu sehen, die im 9. Jh gebaut und im 14./15. Jh. umgestaltet wurde. Die Sammlung erlaubt es dem Besucher, den künstlerischen Werdegang Marinis nachzuvollziehen, der sich besonders auf Reiterplastiken und Porträts konzentrierte. Die fast 200 Stücke werden auf mehreren Ebenen ausgestellt und mit natürlichem Licht beleuchtet, was ein außergewöhnlich harmonisches Zusammenspiel zwischen Kunstwerken und Ambiente schafft.

Museo Nazionale Archeologico ▶ G 3
Via della Colonna 36, Bus: 6,14,19, 23, 31,32, Di–Fr 8.30–19, Sa, So 8–14 Uhr, 4 €
Ein Besuch lohnt sich vor allem wegen der einzigartigen etruskischen Sammlung. Die Etrusker waren die erste Hochkultur auf toskanischem Boden und haben die Geschichte dieser Region entscheidend geprägt. Zu sehen sind Urnen, Skulpturen und mehrere Sarkophage, darunter der Alabaster-Sarkophag des »Übergewichtigen«. Im Museum steht auch die berühmte Bronzestatue, die »Chimäre von Arezzo« genannt wird.

In dem schönen Garten, der seit 1902 dem Publikum zugänglich ist, werden zudem Etrusker-Gräber gezeigt, die mit Original-Material rekonstruiert wurden. Interessant ist auch die ägyptische Abteilung, die in Italien an Wichtigkeit nur durch das Museo Egizio in Turin übertroffen wird. Das Museum wurde in dem barocken Palazzo Crocetta eingerichtet. Sein Ursprung war die Sammlung der Medici, die dann durch die Fürsten Lorena vervollständigt wurde.

Museo Novecento ▶ D/E 3/4
Piazza Santa Maria Novella 10, www.museonovecento.it, Bus: 6, 11, 12, 36, 37, C2, Mo 14.30–19.30, Di, Mi, Fr, So 9.30–19.30, Do, So 9.30–22.30 Uhr, Eintritt 10 €
Das 2014 eröffnete Museum liegt zehn Fußminuten vom Bahnhof Santa Maria Novella entfernt. Es wurde in den restaurierten Gemäuern des Spitals des Leopoldinen-Ordens eingerichtet. Auf drei Stockwerken zeigt es die künstlerischen Aktivitäten der Stadt im 20. Jh. Zu den 300 Exponaten gehören Installationen, Skulpturen und Gemälde, aber auch Gedichte, Kostüme und vor allem Filme. In jeder der 15 Themeneinheiten stehen Tablets, auf denen man Informationen sowie Film- und Hördokumente abrufen kann. Die Themen sind u. a. die Futuristen, die Avantgarde der 1960er-Jahre, die Biennale 1988, der Maggio Musicale, Mode und Design.

Noch mehr Florenz

Zum Schluss sollte man sich oben im 3. Stock die Kinoszenen anschauen, in denen Florenz zu sehen ist, und den großartiken Blick auf die Piazza Santa Maria Novella genießen.

Parks und Gärten

Giardino Bardini ▶ F 6
Via dei Bardi 1r, www.bardinipeyron.it, Bus: 23, C3, D, Di–So 10–19 Uhr, Eintritt 10 €, Sammelticket auch für Giardino di Boboli, Galleria del Costume, Argenti, Porcellanem im Palazzo Pitti
Die Anlage ist einer der größten Gärten im Herzen von Florenz. Sie gehörte dem Antiquar und Kunstsammler Stefano Bardini (1854–1922), der hier zahlreiche Statuen aus seiner Sammlung aufstellte. Sehenswert sind das englische Wäldchen und die lange barocke Treppe, die zur Loggia Belvedere führt, wo sich ein ungewöhnlicher Blick auf die Stadt bietet. Im Garten wächst die typisch florentinische Iris, die seit Jahrhunderten in den *profumerie* verkauft wird. Für die Besucher gibt es zwei Bookshops, ein Kaffeehaus und ein Restaurant. Die Anlage ist über die Eingänge der Via dei Bardi und der Costa San Giorgio zu erreichen.

Einen Besuch wert ist auch das angrenzende **Museo Stefano Bardini** (▶ F 6, Via dei Renai 37, Tel. 055 234 24 27, www.museicivicifiorentini.it/bardini, Bus: 23, C3, D, Mo, Fr, Sa, So 11–17 Uhr, 6 €). In einer ehemaligen, im Stil der Neo-Renaissance umgebauten Kirche werden weitere Kostbarkeiten aus der Sammlung Bardinis gezeigt: wichtige Gemälde und Skulpturen des Mittelalters und der Renaissance.

Le Cascine ▶ A/B 2/3
Bus (Haltestelle Piazza V. Veneto) C2, C3
Dieser weitläufige Park liegt im Westen des Zentrums und erstreckt sich 3 km am Arno-Ufer entlang. ›Cascina‹ heißt Bauernhof und verweist auf die ursprüngliche Funktion der Grünanlage, wo einst die Bauern der Medici den Acker bestellten und Vieh hüteten. Heute tummeln sich hier die Florentiner, vor allem an sonnigen Wochenenden. Im Park gibt es ein Jogging-Wegenetz, ein Schwimmbad mit Cocktailbar (Le Pavoniere), eine Skater-Bahn, einen Tennisplatz und eine Pferderennbahn. Der Wochenmarkt der Cascine, der dienstags zwischen 8 und 14 Uhr abgehalten wird, ist der größte der Stadt.

Nach Sonnenuntergang gehört der Park allerdings den Prostituierten und Drogenhändlern. Die Eröffnung des **Parco della Musica e della Cultura,** wo künftig die meisten Veranstaltungen des Maggio Musicale stattfinden werden, soll das Areal aufwerten. In dem modernen, langgeschwungenen Gebäudekomplex gibt es einen Theatersaal mit 2000, und einen Konzertsaal mit 1000 Plätzen; im Amphitheater im Freien finden 2000 Leute Platz. Der Musik- und Kulturpark kann direkt mit der Strassenbahn T1, die von Florenz in die Industriezone von Scandicci fährt, erreicht werden.

Anfang Mai findet in den Cascine auch die **Festa del Grillo** statt, dabei schenken sich die Liebespaare nach altem Brauch eine singende Grille. Früher wurde sie auf der Wiese gefangen und in einen Käfig gesteckt. Heute ist sie aus Plastik. Der Mai ist auch die beste Zeit für einen Spaziergang durch den Park. Dann duftet es überall nach blühenden Linden.

Eine Kuriosität: Auf dem **Piazzaletto dell'Indiano** steht ein orientalisch anmutendes Monument, das an den Maharadscha von Kolepoor erinnert, der als 20-Jähriger in Florenz starb.

Ausflüge

Fiesole ▶ Karte 3

Fiesole liegt in knapp 300 m Höhe nur 8 km nordöstlich von Florenz. Mit Pkw und Bus erreicht man den Ort über eine kurvenreiche Panoramastraße. Das Städtchen mit seinen 15 000 Einwohnern trägt den Beinamen ›Mutter von Florenz‹, denn noch bevor die Römer das Arno-Tal besetzten, bewohnten die Etrusker die toskanischen Hügel. Die etruskische Siedlung entstand etwa im 7. Jh. v. Chr., rund 600 Jahre später war sie römisch und ab 1125 gehörte der Ort zu Florenz. Heute ist Fiesole bei Touristen fast so beliebt wie Florenz und am schönsten außerhalb der sommerlichen Hochsaison.

Der Ort gruppiert sich um die zentrale **Piazza Mino da Fiesole,** auf der zwei bronzene Reiterdenkmäler von Giuseppe Garibaldi und König Vittorio Emanuele II. stehen. Die Lokale auf der Piazza sollte man nach Möglichkeit meiden und sich lieber einen Überblick über den Ort verschaffen. Hierzu bietet sich das Rathaus an der Piazza an, der ehemalige **Palazzo Pretorio** (14. Jh.), dessen Loggia im ersten Stock an Werktagen für Besucher geöffnet ist. Vorne rechts erhebt sich der romanische **Duomo San Remolo** aus dem 11. Jh. und der zinnenbewehrte, 42 m hohe Campanile. Im Dom kann man das Grabmal des Bischofs Leonardi Salutati, das wertvolle Tafelbild »Madonna mit Kind und Heiligen« (1450) von Biccio di Lorenzo und die Skulpturen von Mino da Fiesole (1430–1484) besichtigen. Nebenan steht der **Palazzo Vescovile** (Bischofspalast) und dahinter, etwas weiter entfernt, das **Kloster San Francesco.** Zu diesem führt ein Spazierweg durch einen öffentlichen Park. Die stillen Klostergärten bieten sich an für eine Ruhepause.

Hinter dem Dom liegt das archäologische Areal. Hier befindet sich das **Amphitheater** aus der Römerzeit, das heute noch Platz für 3000 Besucher bietet, und wo die meisten Veranstaltungen des Sommerfestivals von Fiesole (www.estatefiesolana.it) stattfinden.

Interessant sind auch die Reste einer Thermenanlage, die Ruine eines römischen über einem etruskischen Tempel und ein Stück einer mächtigen etruskischen Mauer. In der Nähe des Eingangs befindet sich das **Museo Archeologico** mit lokalen Fundstücken. Auf dem Rückweg zur Piazza bietet sich ein Besuch des **Museo Bandini** an. Hier sind Werke von Florentiner Malern und Majolika der Künstlerfamilie della Robbia ausgestellt.

Infos
Öffnungszeiten: Zona Archeologica, Museo Archeologico, Museo Bandini, Sommer tgl. 10–19, Winter tgl. 10–14 Uhr, Kombiticket 12 €, erm. 6 €.
Informationen: Ufficio Informazioni Fiesole, Tel. 055 596 12 93, www.museodifiesole.it.
Anfahrt: Entfernung ca. 8 km; mit Pkw Ausfahrt über die Porta S. Gallo, dann

Ausflüge

ausgeschildert; mit dem Bus von der Piazza San Marco/Via Cavour mit der Linie 7 alle 20 Min. von 6 bis 24 Uhr, Fahrzeit 30 Min., 1,20 oder 2 € im Bus.

Villa Medicea La Petraia ► Karte 4

Die Villa mit ihrem terrassenförmigen Garten ist vor allem im Frühjahr, wenn die Bäume grünen und die Blumen blühen, einen Ausflug wert. Ferdinando de' Medici kaufte das Anwesen 1575 und ließ es von Bernardo Buontalenti umbauen. Im Barock wurde der Säulengang des Innenhofs freskiert. Ein späterer illustrer Hausherr, der Savoyerkönig Vittorio Emanuele II., überdachte diesen mit einer Eisen- und Glaskonstruktion und wandelte ihn so in einem Ballsaal um.

Der im Stil eines italienischen Renaissance-Gartens angelegte Park wurde im 19. Jh. von dem böhmischen Landschaftsarchitekten Joseph Fritsch nach englischem Modell umgestaltet und mit Bachlauf, künstlichem See und exotischen Pflanzen ausgestattet. Viele Elemente des von Nicolò Tribolo gestalteten Renaissance-Gartens – wie Brunnen, Skulpturen und eine Grotte mit Tiersymbolen – sind aber erhalten geblieben.

Infos
Öffnungszeiten: Garten: Via della Petraia 40, Castello, April, Mai, Sept. tgl. 8.15–18.30, Juni–Aug. tgl. 8.15–19.30, Okt.–Febr. tgl. 8.15–16.30, März 8.15–18.30 Uhr, Villa schließt 60 Min. früher, jeden 2. u. 3. Mo des Monats geschl., Tel. 055 45 26 91.
Anfahrt: Entfernung ca. 6 km, mit Pkw Richtung Sesto Fiorentino, Bus 2, 28 (Stazione Palazzo dei Congressi, Haltestelle Castello), ca. 2 €.

Villa Medicea di Castello ► Karte 4

Bei diesem in nächster Nachbarschaft zur Villa La Petraia liegenden Sommersitz kann nur der ca. 5 ha große Garten besichtigt werden. In der Villa verbrachte Cosimo I. seine Jugend und seinen Lebensabend. Wie in La Petraia waren auch hier Buontalenti und Tribolo am Werk. Sie legten Terrassen und Treppen an und statteten die enorme Grünfläche mit Wasserspielen, Skulpturen, Grotten, Wäldchen und Labyrinthen aus. Der Garten wurde im 19. Jh. von Joseph Fritsch umgestaltet.

Infos
Öffnungszeiten: Via di Castello 47, Castello, April, Mai, Sept. tgl. 8.15–

Medici-Villen

Nicht nur die Medici, auch ihr gesamter Hofstaat und alle Patrizierfamilien, die es sich leisten konnten, zogen sich an den schwülen Sommertagen aufs Land zurück. Die Landvilla sollte aber nicht zu weit von Florenz mit seinen Handelsmärkten und Banken entfernt sein, denn man wollte auch in der Sommerzeit den Geschäften nachgehen. Auch wenn die Pest oder andere Epidemien wüteten, war das Landhaus für die Reichen der rettende Rückzugsort. Von den vielen Villen, die Florenz umgaben, sind heute nur noch wenige übrig geblieben. Die prächtigsten gehörten den Medici.

Ausflüge

Ideale Sommerfrische à la Medici – Villa Medicea di Poggio a Caiano

18.30, Juni–Aug. tgl. 8.15–19.30, Okt.–Febr. tgl. 8.15–16.30, März tgl. 8.15–17.30 Uhr, jeden 2. und 3. Mo des Monats geschl., Eintritt frei.
Anfahrt: Entfernung ca. 7 km; mit Pkw Richtung Sesto Fiorentino, Bus 2, 28 (Stazione Palazzo dei Congressi, Haltestelle Castello), 1,20 und 2 € im Bus.

Villa Medicea di Poggio a Caiano ▶ Karte 4

Die herrliche Villa liegt 8 km von der Textilstadt Prato entfernt inmitten eines gepflegten Parks. Die frühere Villa der Bankiersfamilie Strozzi wurde 1512 nach Plänen von Giuliano da Sangallo umgestaltet. Auftraggeber war ursprünglich Lorenzo de' Medici, nach seinem Tod 1492 führte sein Sohn Giovanni, der spätere Papst Leo X., das Werk fort. Die Villa durchlief im Laufe der Jahrhunderte keine wesentlichen Änderungen, deshalb blieben die klaren und schönen Formen der frühen Renaissance erhalten. Einzige Änderung des 19. Jh. sind zwei Freitreppen, über die man in die Eingangshalle gelangt. Die Räume der Villa liegen auf zwei Geschossen. Mittelpunkt ist der Prunksaal. Pontormo (1494–1556) und Andrea del Sarto (1486–1531) haben ihn mit Fresken bemalt, die zu den bedeutendsten der Florentiner Malerei des 16. Jh. gehören. Möbliert ist die Villa heute im klassizistischen Stil. Um das einst freistehende Gebäude hat sich inzwischen ein kleiner Ort gebildet.

Infos
Öffnungszeiten: Piazza dei Medici 12, Poggio a Caiano, Villa und Park sind nur mit Führung zu besichtigen: Dauer 60 Min., inkl. Museum des Stilllebens (Vorbestellung Tel. 055 87 70 12), April, Mai, Sept. tgl. 8.15–18.30, Juni–Aug. 8.15–19.30, Nov.–Febr. tgl. 8.15–16.30, März, Okt. tgl. 8.15– 17.30/18.30 Uhr, jeden 2. und 3. Mo des Monats geschl.
Anfahrt: Entfernung ca. 17 km; mit Pkw SS 66 Richtung Pistoia, Bus COPIT Linie 51 (Bhf. S. Maria Novella).

Ausflüge

Greve in Chianti ▶ Karte 4

Der Chianti ist wohl der bekannteste Rotwein Italiens. Lange Zeit war er hierzulande ein Synonym für italienische Lebensart und die bauchige Flasche mit der Strohverzierung eines der beliebtesten Mitbringsel vom Urlaub auf der Stiefelhalbinsel. Der Chianti ist aber auch eine der schönsten Gegenden Italiens: die Region zwischen Florenz und Siena. Nur der Wein, der hier im Kernanbaugebiet wächst, darf sich Chianti Classico nennen und den *gallo nero*, den Schwarzen Hahn, auf dem Etikett tragen. Die Grenzen der Anbauregion liegen seit dem 14. Jh. fest, schon damals wurde der Wein Chianti genannt. Die Winzervereinigung Consorzio del Gallo Nero, die den Namen schützt, existiert seit 1924.

Von Florenz aus ist die Straße in den Chianti, die sogenannte Chiantigiana, links und rechts von Hügeln mit Zypressen, Burgen, Weinbergen und Ferienhäusern – vor allem von Deutschen und Engländern – gesäumt. Einer der ersten Winzerorte auf der Chiantigiana Richtung Süden ist Greve in Chianti, danach folgen Barberino Val D'Elsa, Tavernelle Val D'Else, Castellina in Chianti, San Casciano di Pesa und Radda. In Greve kann man Wein direkt auf den Weingütern wie Castello di Uzzano oder Le Volpaie oder in den zahlreichen Enotheken im Ort verkosten und einkaufen. Schön sitzen kann man auf dem dreieckigen Marktplatz zwischen Arkaden und alten toskanischen Häusern. Am zweiten September-Wochenende findet hier die Sagra dell'Uva, das größte Weinfest des Chianti, statt.

Infos
Uffici Turistico: Greve in Chianti, Tel. 055 854 62 99.
Anfahrt: ca. 30 km; ab Florenz-Bagno a Ripoli über die Landstraße 222.

In dieser sanfthügeligen Landschaft gedeiht der berühmte Chianti

Zu Gast in Florenz

Die Florentiner stehen gern an der Bar. Hier bekommt man einen schnellen Caffè und ebenso schnell Kontakt, um ein paar Worte zu wechseln. Wer sich an den Tisch setzt, hat Zeit, und die ist bei den geschäftigen Stadtbewohnern meist sehr knapp.

Übernachten

Zimmer mit und ohne Sterne
Die Klassifizierung italienischer Hotels reicht von einem bis zu fünf Sternen. Die Kategorien drei bis fünf Sterne sollten alle über Zimmer mit Bad, Telefon und TV verfügen. Die Hotels in der beliebten Kulturmetropole Florenz gehören zu den teuersten Italiens. Eine preiswerte und empfehlenswerte Alternative zu den Sternehotels sind private Zimmervermietungen *(affittacamere)* und Bed&Breakfast.

Hotels mit Flair
Wer in Florenz etwas Besonderes sucht, findet es auch. Viele Hotels sind in alten Palazzi untergebracht, so etwa das Hotel degli Orafi, wo der Kinofilm »Zimmer mit Aussicht« gedreht wurde, oder das Vier-Sterne-Haus Monna Lisa, wo man in einem idyllischen Atrium-Garten frühstücken und in der Bildergalerie die Mona Lisa in Hunderten von Variationen bewundern kann. Für das besondere Flair bezahlt man dann aber auch mindestens 200 € fürs Doppelzimmer.

Bed & Breakfast
Wenn man auf der Internetseite www.bed-and-breakfast.it ›Florenz‹ anklickt, kann man sich das Stadtviertel aussuchen, in dem man wohnen möchte. Die Preise liegen zwischen 25 und 80 € pro Nacht und Person. Zu empfehlen ist die Website www.cross-pollinate.com (Florence anklicken), wo man ausgewählte B&Bs, Gästehäuser und Appartments findet, die einen bestimmten Standard garantieren.

Hotelpreise und Sondertarife
Die Unterkunft in Florenz sollte unbedingt vor der Anreise reserviert werden, wobei auch Reisebüros helfen können. Die Preise variieren stark je nach Saison. Auch die besseren Hotels bieten über Online-Agenturen oder auf der eigenen Homepage Schnäppchen an. Man sollte sich vergewissern, ob das Frühstück im Preis inbegriffen ist – ansonsten empfiehlt sich der Cappuccino in einer der zahlreichen Bars. Zum anderen achte man darauf, dass das Zimmer in den Innenhof oder Garten hinausgeht und nicht auf eine der lauten Verkehrsstraßen. In Zeiten, in denen die Auslastung gering ist, kann man über den Preis auch verhandeln. In diesem Buch sind die durchschnittlichen Preise inklusive Mehrwertsteuer (Iva) angegeben.

Zimmervermittlung
Agenzia per il Turismo di Firenze (APT): Via Manzoni 16, Tel. 055 233 20, Mo–Fr 9–13 Uhr, www.firenzeturismo.it (›dove dormire‹ oder ›where to stay‹ anklicken). Hier ist auch das Unterkunftsverzeichnis »Guida all'ospitalità« erhältlich.
APT Info-Zentrale: Via Cavour 1r, Tel. 055 29 08 32 und 055 29 08 33
Mitwohnzentrale: Via Orti Oricellari 10, Tel. 055 28 75 30, www.mzwflorence.com

Übernachten

Günstig und nett

Familienfreundlich – **Hotel Boboli:** ■ **D 6,** Via Romana 63, Tel. 055 229 86 45, www.hotelboboli.com, Bus: 11, 36, 37, DZ 65 €, 3-Bett-Zimmer 85 €, 4-Bett-Zimmer 99 € inkl. Frühstück. Das Boboli liegt in Oltrarno, zwischen Ponte Vecchio und Palazzo Pitti. Es verfügt über 20 einfach eingerichteten Zimmer, alle mit eigenem Bad und Wi-Fi, teils auch mit drei, teils mit vier Betten.

Atmosphäre zum Wohlfühlen – **Hotel Bretagna:** ■ **Karte 2, E 5,** Lungarno Corsini 6, Tel. 055 28 96 18, www.hotelbretagna.net, Bus: 6, 11, 12, 36, C3, DZ 70–130 €, EZ 30–100 € inkl. Frühstück am Buffet. Renaissance-Palazzo am Arno-Ufer. Das Hotel bietet aus vielen der 18 Zimmer einen Blick auf den Ponte Vecchio. In den mit antikem Mobiliar eingerichteten Räumen wohnte einst Louis Bonaparte, König der Niederlande. Der freundliche Service schafft eine angenehme Atmosphäre. Einige der Bäder sind mit Jacuzzi-Wannen ausgestattet. Nur ein paar Meter von den Uffizien und zehn Gehminuten vom Bahnhof entfernt.

Direkt am Dom – **Hotel Dalì:** ■ **Karte 2, F 4,** Via dell' Oriuolo 17, Tel. 055 234 07 06, www.hoteldali.com, Bus: C2, 23, DZ 50–80 €, EZ 40 €. Ruhiges Hotel im Innenteil eines antiken Palazzo, nur zwei Gehminuten vom Dom entfernt. Die Zimmer sind einfach, aber sauber. Dafür sorgt das sympathische Ehepaar Samanta und Marco. Drei der neun Zimmer haben ein eigenes Bad. Verpacktes Frühstück mit Cornetti etc.

Sonnenterrasse – **Il Bargellino:** ■ **E 3,** Via Guelfa 87, Tel. 055 238 26 58, www.ilbargellino.com, DZ 60–90 € ohne Frühstück. Das Hotel befindet sich zehn Gehminuten vom Bahnhof entfernt. Nicht alle der zehn Zimmer haben ein eigenes Bad. Dafür gibt es eine große Sonnenterrasse, wo der Papagei Ettore, Hotel-Maskottchen und Haustier der Vermieter Carmel und Pino, wohnt.

Alternative Jugendherberge – **Ospitale delle Rifiorenze:** ■ **C 5,** Piazza Piattellina 1, Oltrarno, im ehemaligen Konvent der Kirche Santa Maria del Carmine, Tel. 055 21 67 98, www.firenzeospitale.it, Bus: D, pro Person 15–25 €. Alle 70 Schlafplätze liegen in der riesigen Bibliothek. Die Zimmer in verschiedenen Größen sind durch Trennwände abgeteilt. Im Winter bietet die Genossenschaft des Ospitale Obdachlosen kostenlos Schlafplätze an. Der zweite Teil der Herberge ist ein großer Saal, in dem Ausstellungen, Konzerte und Yoga-Kurse stattfinden.

Nagelneu – **Relais Amadeus:** ■ **G 1,** Via XX Settembre 2, Tel. 347 230 52 50 (mobil) nach 13 Uhr, www.relaisamadeus.com, Bus: 8, 12, 13, DZ 60–110 €, EZ 55–75 € inkl. Frühstück. Bei der Piazza della Libertà. Nicht ganz zentral gelegen, aber dafür ganz neu. Alle sechs Zimmer mit Bad, Klimaanlage, LCD-TV und Wi-Fi.

Romantisch – **San Frediano Mansion B&B:** ■ **D 5,** Via Borgo San Frediano 8, Tel. 055 21 29 91, www.sanfredianomansion.com, Bus: 6, 11, 12, 36, 37, C3, D, DZ 60–100 € inkl. Frühstück. Der Renaissance-Palazzo liegt im Herzen von Oltrarno und bietet geschmackvoll eingerichtete Zimmer mit Deckenfresken. Wi-Fi ist gratis und Haustiere sind erlaubt. Nettes, englischsprachiges Servicepersonal.

Florentinischer Stil – **Soggiorno la Pergola:** ■ **Karte 2, G 4,** Via della

Übernachten

Pergola 23, Tel. 055 730 14 53 und 348 723 47 42, www.soggiornolapergola.it, Bus: 14, 23, C1, DZ 60–90 € inkl. Frühstück. Die kleine Pension befindet sich nur fünf Gehminuten entfernt vom Dom. Die Zimmer, alle mit Bad, sind in Rosatönen und mit dunklen Holzmöbeln, also sehr florentinisch, eingerichtet. Für die Gäste steht immer eine Espressomaschine bereit.

Frühstücksterrasse – **Hotel Azzi:** ■ **E 3,** Via Faenza 56/88r, Tel. 055 21 38 06, www.hotelazzi.com, Bus: 2, 14, 17, 23, 36, DZ 80–130 € inkl. Frühstück. Das Hotel liegt zentral, in der Fußgängerzone nahe dem Bahnhof und ist gemütlich mit antiken Möbeln eingerichtet. Im Eingang werden Bilder florentinischer Künstler ausgestellt. Die Zimmer sind hell und das Frühstück – das man auf der hübschen Terrasse einnehmen kann – reichlich.

Erholsam – **Hotel David:** ■ **nordöstl. H 8,** Viale Michelangiolo 1, Tel. 055 681 16 95, www.hoteldavid.com, Bus 12, 13 DZ 150–200 €. Das Hotel nahe der Piazzale Michelangelo ist begehrt und sollte rechtzeitig gebucht werden. Die Zimmer sind ruhig, geräumig und mit antiken Möbeln eingerichtet. Das Haus bietet erstklassigen Service, Wi-Fi, kostenlose Parkplätze sowie Frühstück und Gartenidylle. Ideal für alle, die während des Stadturlaubs auch Erholung suchen.

Geschmackvoll – **Tourist House Ghiberti:** ■ **Karte 2, F 4,** Via M. Bufalini 1, Tel. 055 24 48 58, www.touristhouseghiberti.com, Bus: 14, 23, C1, DZ 74– 174 €. Geschmackvoll eingerichtetes Gästehaus in Nähe des Doms. Die sehr sauberen Bäder sind mit Mosaiken einer toskanischen Künstlerin dekoriert. Den Gästen stehen eine Sauna und eine Massage-Wanne zur Verfügung. Das Frühstücksbuffet ist europäisch, es gibt auch selbst gebackenen Kuchen. In jedem Zimmer steht ein Computer mit Internetanschluss. Freundlicher Service des Inhaber-Ehepaars bis spätabends.

Stilvoll wohnen

B&B Luxus – **Floroom 1:** ■ **Karte 2, E 5,** Via del Pavone 7, Tel. 055 230 24 62, Bus: 6, 11, 36, 37, und **Floroom 2:** ■ **Karte 2, E 4,** Via del Sole 2, Tel. 055 21 66 74, Bus: 6,11, www.floroom.com, DZ 160 €. Bed & Breakfast in der Design-Variante: Alle Apartments sind schwarz-weiß eingerichtet und verfügen über eine Kochgelegenheit. Floroom 1 liegt in Oltrarno, nahe der Piazza della Passera und ihrer Szenelokale. Floroom 2 liegt zwischen Piazza Strozzi und Santa Maria Novella. Frühstück mit frischem Obst vom Markt.

Hotel mit Museum – **Hotel Brunelleschi:** ■ **Karte 2, F 4,** Via dei Calzaiuoli/Piazza Santa Elisabetta 3, Tel. 055 21 96 53, www.hotelbrunelleschi.it, Bus: C2, DZ 200–400 € inkl. Frühstücksbuffet. Dieses Vier-Sterne-Hotel liegt sehr zentral zwischen Dom und Piazza della Signoria. Der Architekt Italo Gamberini hat in das Gebäude eine mittelalterliche Kirche und einen byzantinischen Turm integriert. Im Innern befindet sich auch ein kleines Museum mit römischen Funden, die beim Bau des Hotels ausgegraben wurden. Die Zimmer sind elegant und komfortabel.

Zimmer mit Aussicht – **Hotel degli Orafi:** ■ **Karte 2, E 5,** Lungarno Archibusieri 4, Tel. 055 266 22, www.hoteldegliorafi.it, Bus: C3, D, EZ 115– 180 €, DZ 160–300 € inkl. Frühstück. Durch den Kinofilm »Zimmer mit Aussicht«,

Übernachten

1985 von James Ivory gedreht, wurde das Hotel im Herzen der Stadt weltberühmt. In der Zwischenzeit ist das elegante Haus vom Keller bis zum Dach modernisiert worden. Aber das romantische Flair und die exklusive Aussicht auf den Arno und den Ponte Vecchio sind geblieben. Besonders attraktiv für Sommergäste: die Dachterrasse mit Bar.

Beliebt – **Hotel Hermitage:** ■ **Karte 2, E 5,** Vicolo Marzio 1/Piazza del Pesce, Tel. 055 28 72 16, www.hermitagehotel.com, Bus: C3, D, DZ 80–150 €, EZ 100 € inkl. Frühstück. Dieses Hotel ist sehr begehrt und sollte länger im Voraus gebucht werden. Liebenswerter Service, stilvolle Einrichtung und einzigartiger Blick auf den Ponte Vecchio von einigen Zimmern. Diese sind allerdings auch die lauteren, zum Innenhof hin ist es ruhiger. Bei schönem Wetter wird das Frühstück auf der Dachterrasse serviert.

Komfortabel – **Hotel Silla:** ■ **F 6,** Via de' Renai 5, Tel. 055 234 28 88, www.hotelsilla.it, Bus: 14, 23, C1, C3, DZ 130–200 €, EZ 100–150 € inkl. Frühstücksbuffet. Beliebtes Hotel, untergebracht in einem Palazzo aus der Spätrenaissance. Liegt in Oltrarno, viele Zimmer haben Blick auf den Fluss. Das Haus bietet höchsten Komfort und perfekten Service. Die Zimmer sind sehr gepflegt und verfügen über Wi-Fi. Von Mai bis Oktober wird das Frühstück auf der Terrasse serviert.

Frühstück im Atrium – **Monna Lisa:** ■ **Karte 2, G 4,** Borgo Pinti 24, www.monnalisa.it, Bus: 14, 23, C1, EZ 100–160 €, DZ 160–280 € inkl. Frühstücksbuffet. Eines der stilvollsten Hotels im Zentrum von Florenz. Die Zimmer sind mit antikem Mobiliar eingerichtet, aber komfortabel. Bei schönem Wetter wird das Frühstück im grünen Innenhof serviert. Die Bildergalerie im Parterre ist mit mehr oder weniger ironischen Kopien der berühmten Mona Lisa von Leonardo da Vinci bestückt.

Design – **Una Hotel Vittoria:** ■ **B/C 5,** Via Pisana 59, Tel. 055 227 71, www.unahotels.it, Bus: 6, 12, 13, C3, DZ 150–500 € inkl. Frühstück. Dieses luxuriöse Hotel liegt in San Frediano, nahe dem Flussufer. Die 84 Zimmer sind schick und mit allem High-Tech-Zubehör ausgestattet. Abends kann man in der Lounge Bar oder im idyllischen Innenhof sitzen. Wer online bucht, bekommt erschwinglichere Preise. Gehört zur Kette der Una-Hotels.

Wohnen mit Flair und mit Witz – im Hotel Monna Lisa

Essen und Trinken

Vom Ristorante zur Tavola calda

Wenn Sie in Florenz nicht nur Kunst sehen, sondern auch kulinarisch etwas erleben möchten, bietet die Stadt dafür gute Gelegenheiten. Man muss auch nicht immer gleich in ein *ristorante* gehen. Es gibt viele andere Möglichkeiten, die gute toskanische Küche kennenzulernen. In der Klassifizierung der Esslokale sind die *ristoranti* die teuersten, gefolgt von den *trattorie*, meist familiengeführten Gasthäusern, die regional typische Kost anbieten. Die *osterie* waren früher einfache Trink- und Essstuben, wo man selbst seine Mahlzeit mitbringen oder wenige deftige Gerichte bestellen konnte. Ganz vereinzelt haben noch Lokale dieser Spezies überlebt. Viel häufiger trifft man heute aber auf moderne osterie, die im Zuge der Slow-Food-Bewegung einen Aufschwung erlebt haben. Hier bekommt man in allen Preislagen Gerichte der traditionellen Küche, zum Teil in modernen Variationen, zum Teil aus biologischem Anbau. *Pizzerie* sind weltweit bekannt. Weniger bekannt ist die *tavola calda*, eine Art Selbstbedienungslokal, wo man mittags eine Pasta oder einen Teller Gemüse essen kann.

Enoteca und Vinaio

Inzwischen bieten aber auch viele *enoteche* warme Gerichte zum Chianti oder Brunello an. Wenn man Glück hat, findet man aber auch noch einen einfachen *vinaio*, der ein Glas Wein aus dem Fass und ein Scheibe Brot mit toskanischer Salami für 4 € über den Tresen schiebt.

Öffnungszeiten

Restaurants öffnen etwa von 12 bis 15 Uhr und von 18.30 bis 23 oder 24 Uhr. Ruhetage sind meist Sonntag oder Montag. Ferien machen die florentinischen Wirte meist im August. Fast für alle Esslokale gilt: Für abends sollte man einen Tisch reservieren.

Preise

Wer in Florenz ein Restaurant betritt, kommt selten wieder heraus, ohne 40 € für ein Abendessen bezahlt zu haben, pro Person versteht sich. Aber es gibt auch immer noch bodenständige *trattorie*, wo man für 20 € sehr gut essen kann. Auf der Speisekarte sollte man den Kostenpunkt *coperto* beachten: Hierunter fällt die frische Tischdecke, die Stoffserviette und das gefüllte Brotkörbchen. Manchmal wird auch der Service extra berechnet. Ist dies nicht der Fall, lässt man 5–10 % des Preises als Trinkgeld liegen. In den Bars kostet das Getränk am Tresen weniger als am Tisch.

Rauchen verboten

In italienischen Lokalen herrscht striktes Rauchverbot, das auch von allen eingehalten wird. Allerdings sitzen seit der Einführung des Verbots viel mehr Leute

Essen und Trinken

im Freien, im Winter auch mit Gasheizern. Nur große Restaurants, die sich eine spezielle Klimaanlage leisten können, bieten Raucherräume an.

Eintöpfe

Während in Norditalien dem *risotto* und in Süditalien der *pasta* gefrönt wird, setzen die Bewohner der Toskana – und natürlich auch die Florentiner – auf den Eintopf. Die florentinischsten sind die *ribollita*, deren Namen daher kommt, dass sie aufgewärmt noch besser schmeckt, und die Tomatensuppe *pappa al pomodoro*. Andere berühmte toskanische Eintöpfe sind *acqua cotta* (gekochtes Wasser), eine Gemüsesuppe mit Brot und Ei, und *cacciucco*, eine Fischsuppe mit Brot. Das ungesalzene toskanische Brot ist überall dabei.

Kulinarischer Tagesablauf

Das Frühstück *(piccola colazione)* der Florentiner besteht in der Regel aus einem *caffè*, einem *cappuccino* oder einem *caffèlatte* und einem süßen Gebäckstück, meist einem *cornetto* (Croissant). Zwischen 11 und 12 Uhr nimmt man in der Bar einen zweiten *caffè* oder einen *aperitivo* zu sich. Das Mittagessen *(pranzo)* gibt es zwischen 13 und 14 Uhr. Es besteht heute meist nicht mehr aus drei Gängen, sondern je nachdem aus einem Salat, einem Eintopf oder einer Pasta und Obst. Für das Abendessen *(cena)* nimmt man sich dann Zeit. Im Restaurant gibt es *panunto* (geröstetes Brot mit Öl), eingelegtes Gemüse, Salami, Schinken und Käse als Vorspeise *(antipasti)*, Pasta oder Eintopf *(primo)*, Fleisch oder Fisch mit Beilage *(secondo)*, ein Dessert und *caffè* mit *digestivo*, das darf ein toskanischer *vin santo*, aber auch ein Grappa oder Magenbitter sein.

Cafés und Frühstück

Modern – **Caffè Amerini:** ■ Karte 2, **D 5,** Via della Vigna Nuova 61–63r, Tel. 055 28 49 41, Bus: 6, 11, Mo–Sa 8–20 Uhr. Im Amerini kann man zwar an der Decke des Lokals mittelalterliche Fresken bewundern, ansonsten ist es aber sehr modern eingerichtet. Das Café liegt mitten in der Shopping Mail und ist ideal zum Frühstücken. Es gibt süßes Gebäck, aber auch immer frische *tramezzini* (dreieckige Weißbrotscheiben mit verschiedensten Füllungen). Einfach auf das Gewünschte in der Vitrine tippen, dann bringt der Kellner alles an den Tisch – für einen nur geringen Aufpreis.

Nostalgisch – **Caffèlatte:** ■ Karte 2, **G 4,** Via degli Alfani 39r, Tel. 055 247 88 78, Bus: 14, 23, C1, Mo–Sa 8–24, So 10–18 Uhr. Hier bekommt man noch ein Frühstück wie vor 50 Jahren, als die Kekse noch nicht aus der Tüte kamen. Gebäck und Marmelade sind selbst gemacht und die Milch ist selbstverständlich bio. Mittags und abends gibt es kleine Gerichte. Auf den Tischen liegen Zeitungen aus, an den Wänden hängen Bilder von jungen Künstlern. Hier kommen auch Vegetarier auf ihre Kosten.

Für Schleckermäuler – **I dolci di Patrizio Cosi:** ■ Karte 2, F 4, Borgo degli Albizi 15r, Tel. 055 248 03 67, www.pasticceriacosi.com, Bus: C1, C2, Mo–Fr 7–20, Sa 7–14 Uhr. In dieser bei den Florentinern beliebten Konditorei habe ich die besten *millefoglie* (hauchdünner Blätterteig mit Chantilly-Creme) meines Lebens gegessen. Aber auch die Mini-Törtchen und die *crostate* (Mürbeteigkuchen) sind ein reiner Genuss. Es gibt auch Toast und Panini zum Frühstück. Der Service lässt zwar zu wünschen übrig, aber das hat man mit vollem Mund schnell vergessen.

Essen und Trinken

Alternativ – **Pop Café:** ■ **D 6,** Piazza Santo Spirito 18a/r, s. S. 71.

Eisdielen

Berühmt – **Bar Vivoli Gelateria:** ■ **Karte 2, F 5,** Via Isola delle Stinche 7r, Tel. 055 29 23 34, www.vivoli.it, Bus: 23, C1, C2, C3, April–Okt. Di–Sa 7.30–24, So 9–24 Uhr. Die Florentiner sind traditionell bekannt für ihr gutes Eis. Der Ruf des Vivoli im Viertel Santa Croce geht inzwischen um die Welt. Es ist die berühmteste *gelateria* der Stadt. Die Auswahl der Sorten ist riesig und jedes Jahr kommen neue hinzu.

Echt sizilianisch – **Carabè:** ■ **F 3,** Via Ricasoli 60r, Tel. 055 28 94 76, www.gelatocarabe.com, Bus: 14, 23, C1, im Sommer tgl. 9.30–1 Uhr. Hier gibt es feinstes sizilianisches Eis. Von den unzähligen Sorten empfehle ich besonders Pistazie und Melone. Ein erfrischender Genuss an heißen Tagen ist die *granita:* klein gestoßenes gefrorenes Eis mit frischen Früchten.

Über 50 Sorten – **Perche No!:** ■ **Karte 2, F 5,** Via dei Tavolini 19r, Tel. 055 239 89 69, www.percheno.firenze.it, Bus: C1, C2, Mi–Mo 11–23.30, Di 12–20 Uhr. Konkurriert seit 1939 mit dem Vivoli und nach Meinung vieler Eisexperten steht der Sieger dieses Wettbewerbs noch nicht fest. Hier werden über 50 Eissorten, Sorbets und Halbgefrorenes – je nach den Früchten der Saison – angeboten.

Fisch

Täglich frisch – **Fuor d'acqua:** ■ **C 5,** Via Pisana 37r, Tel. 055 22 22 99, Bus: 6, 13, D, Mo–Sa 19.30–24 Uhr, Menü 80 €. Elegantes Restaurant nahe der Porta San Frediano. Der Fisch wird täglich frisch aus Viareggio geliefert und exzellent zubereitet. Unbedingt zu empfehlen: die *antipasti* und die *frittura* (Meeresfrüchte und kleine Fische frittiert). Der Service ist angesichts der stolzen Preise nicht so überzeugend wie der Fisch.

Kleine Taverne – **Lobs:** ■ **E 3,** Via Faenza 75–77r, Tel. 055 21 24 78, Bus: 2, 28, 36, 37, www.florence.ala.it/lobs, tgl. 12–23 Uhr, Pasta und Risotto 15 €, Fischteller mit Beilagen 25 €. Kleine Taverne im Studentenviertel San Lorenzo. Das Gastzimmer ist freundlich mit farbigen Holzmöbeln eingerichtet. Die großen Fischteller sind ein komplettes Gericht. Danach kann man sich noch eines der köstlichen Desserts leisten. Begießen sollte man das Ganze mit einem der guten Tropfen von der gut sortierten Weißweinkarte.

Gourmet-Lokale

Elegant – **Alle Murate:** ■ **Karte 2, F 5,** Via del Proconsolo 16r, Tel. 055 24 06 18, www.allemurate.it, Bus: C1, Di–So 11–15, 19.30–24 Uhr, Menü 60–90 €. Dieses renommierte Lokal erwartet seine Gäste im historischen Palazzo dell'Arte dei Giudici e dei Notai, wo man vor dem Essen noch wertvolle Renaissance-Fresken besichtigen kann. Die Küche ist toskanisch und mediterran. Zu den Highlights gehören gefüllte Taube, Fisch-Ravioli und Scampi mit Speck. In der Cantina lagern über 150 edle Weine, die zu fairen Preisen ausgeschenkt werden.

Zwei Sterne – **Enoteca Pinchiorri:** ■ **G 5,** Via Ghibellina 87r, Tel. 055 24 27 77 und 055 24 27 57, www.enote

Essen und Trinken

Der Chef kocht selbst und genießt – Fabio Picchi in der Küche des Cibrèo

capinchiorri.com, Bus: 23, C1, C2, C3, Di–Sa 12.30–14, 19.30–22.30 Uhr, Di/Mi mittags geschl., Menü 200 €. Das Pinchiorri ist das eleganteste und teuerste Restaurant der Stadt. Das Lokal des Sommeliers Giorgio Pinchiorri und seiner Frau Annie Féolde wird seit Jahren vom Gourmet-Führer Michelin mit zwei Sternen ausgezeichnet und bietet einen der besten Weinkeller Europas mit italienischen und französischen Etiketten. Die Küche ist italienisch und international. An die mit edlem Porzellan gedeckten Tische sollte man sich nicht ohne Jackett setzen. Ein Lokal für einen ganz besonderen Abend!

Kult – Il Cibrèo: ■ **G 5,** Via de' Macci 118r, Tel. 055 234 11 00, www.edizioniteatrodelsalecibreofirenze.it, Bus: 14, C2, C3, Sept.–Juli Di–Sa 13–14.30, 19–23 Uhr, Menü 80 €. Das Cibrèo ist eher eine Institution als ein Lokal. Jeder Florentiner kennt den Besitzer und Chefkoch Fabio Picchi, dessen Philosophie besagt, dass man eines Tages das wird, was man isst. Picchi serviert die traditionelle toskanische Arme-Leute-Küche in immer neuen und originellen Interpretationen: Eintöpfe, Brotsuppen, Polenta, Hühnerklein und Ragouts – allerdings nicht zu kleinen Preisen. In der angrenzenden **Trattoria Il Cibrèino** gibt es das Menü schon für 30 €. Einmal sollte man sich auch einen Cappuccino und eine Schokoladentorte mit Orangensoße im Caffè Cibrèo gönnen – vielleicht nach einem Rundgang über den nahe gelegenen Markt von Sant'Ambrogio. Zur Welt des Cibrèo gehört auch das in derselben Straße gelegene Teatro del Sale. Natürlich gibt es auch hier etwas zu essen, aber auch die One-Woman-Show von Picchis Frau, der Schauspielerin Maria Cassi, und andere Vorführungen.

Essen und Trinken

Dolce Vita – **Oliviero:** Karte 2, E 5, Via delle Terme 51r, Tel. 055 28 76 43, www.ristorante-oliviero.it, Bus: C3, D, Mo–Sa 19.30–24 Uhr, Menü 50 €. In dem renommierten Restaurant gibt es nicht nur Gerichte aus der Toskana, sondern auch aus anderen italienischen Regionen. In den 1960er-Jahren, den Jahren des Dolce Vita, waren Federico Fellini, Marcello Mastroianni, Sofia Loren, aber auch Liza Minelli illustre Gäste des Oliviero. Wie in jenen Jahren sind auch heute Brot, Pasta und Dessert selbst gemacht.

Gut und günstig

Chianti und mehr – **Il Cantinone del Gallo Nero:** Karte 2, D 5, Via Santo Spirito 6r, Tel. 055 21 88 98, Bus: 11, 36, 37, C3, D, Di–So 12–15, 19–22.30 Uhr, Menü 20–25 €. Der *gallo nero* (schwarzer Hahn) ist bis heute das Symbol für den echten Chianti. Den gibt es im Cantinone genauso wie echte toskanische Küche. Küchenchef Michele serviert in diesem sympathischen Lokal: *fettunta* (geröstetes Brot mit Olivenöl), Pasta mit Kichererbsen, mit Gemüse gefüllte Crêpes, Kutteln und Ragout vom Chianina-Rind.

Hausfrauenkost – **La Casalinga:** D 6, Via de' Michelozzi 9r, Tel. 055 21 86 24, www.trattorialacasalinga.it, Bus: 11, 36, 37, D, Mo–Sa 12–14.30, 19–21.45 Uhr, Menü ca. 20 €. Seit 1957 familiengeführte, kleine Trattoria in der Nähe der Piazza Santo Spirito. Hier gibt es einfache Gerichte zu angemessenen Preisen. Eine der Spezialitäten des Hauses: selbst gemachte *schiacciata* (Fladenbrot) mit Weintrauben.

Pizza Napoli – **Pizzaiuolo:** G 5, Via de' Macci 113r, Tel. 055 24 11 71, www.ilpizzaiuolo.com, Bus: 14, C2, C3, Mo– Sa 12–15, 19.30–0.30 Uhr, Pizza 5,50–9 €, Hauptgerichte um 10 €. Hier gibt es mitten in Florenz echte napoletanische Pizza mit Büffelmozzarella, natürlich im Holzofen gebacken. Auch die anderen Gerichte sind typisch süditalienisch: Pasta mit Gemüse, gegrillte Auberginen und Fisch. Und zum Abschluss darf der *limoncello,* der berühmte Zitronenlikör von der Amalfi-Küste, nicht fehlen.

Lokale Küche – **Ristoro dei Perditempo:** Karte 2, E 5, Borgo San Jacopo 48r, Tel. 055 264 55 69, Bus: C3, tgl. 11.30-22.30 Uhr, Hauptgerichte 10–20 € mit Getränken. Dieses kleine Lokal ist eingerichtet wie einst die toskanischen Häuser in den 1950er-Jahren. Serviert wird nur lokale Küche: *ribollita, pappa al pomodoro,* toskanische Salami und Pecorino. Den Wein bezieht Besitzer Luca Biagi ausschließlich von Herstellern aus der Umgebung von Florenz und er wird aus Riesenflaschen direkt in die Krüge geschenkt. Mit Blick auf den Ponte Vecchio.

Szene und Ambiente

Trendy – **Angels:** Karte 2, F 4, Via del Proconsolo 29–31r, Tel. 055 239 87 62, www.ristoranteangels.it, Bus: C1, C2, Mo–So 12–15, 19–23 (Restaurant), 19–1 Uhr (Bar), Menü 45 €, Mittagessen am Buffet 12 €. Das Lokal ist eine Mischung aus Winebar und Restaurant und eines der trendigsten Lokale der Stadt. Hier trifft man sich zum Aperitif mit Sushi und anderem Fingerfood. In dem schwarz-weiß eingerichteten Restaurant werden – zu gehobenen Preisen – italienische Fleisch- und Fischgerichte serviert. Zu später Stunde trifft man die florentinische Jeunesse

Essen und Trinken

Einen exklusiven Blick auf den Ponte Vecchio genießen die Gäste der Golden View Open Bar

dorée an der Bar. Nur wenige Schritte vom Dom entfernt.

Schickes Design – **Golden View Open Bar:** **Karte 2, E 6,** Via de' Bardi 58, s. S. 30.

Besonderes Flair – **Il Canapone Club: D 6,** Via Mazzetta 5a/r, Tel. 055 238 17 29, Bus: 11, 36, 37, D, im Sommer Mo–Fr 20–23, im Winter Di–So 20–23 Uhr, Menü 35–50 €. In dem Club, der nahe der belebten Piazza Santo Spirito liegt, ist kein Stuhl wie der andere. Und auch sonst hat das Lokal ein besonderes Flair. Die Speisekarte ändert sich jede Woche. Sonntags gibt es ein internationales Brunch-Buffet.

Kosmopolitisch – **Rose's: Karte 2, E 5,** Via del Parione 26r, Tel. 055 28 70 90, www.roses.it, Bus: 6, 11, C3, Mo–Sa 12–1.30, So 19.30–24 Uhr, Mittagessen um 12 €, Menü 35–40 €. Das schick in dunklem Holz und mit weißen Stühlen eingerichtete Lokal ist ideal für alle, die mal keine Lust auf rustikales Ambiente und toskanische Küche haben. Auf der Speisekarte stehen italienische Gerichte, aber auch Sushi, *tramezzini* und fantasievoll zubereitete Salate. Viele Florentiner kommen zum Mittagessen, aber auch abends ist es eine gute Adresse.

Typisch toskanisch

Alte Rezepte – **Il Guscio: C 5,** Via dell'Orto 49, Tel. 055 22 44 21, www.ilguscio.it, Bus: D, 6, Mo–Sa 12–14.30, 19.30–23.30 Uhr, Menü mittags 12–15 €, abends 30–35 €. Familiengeführtes Lokal mit 60 Gedecken in freundlich eingerichteten Räumen, weitere zehn Gedecke auf der Terrasse. Die Küche ist florentinisch mit traditionellen, oft in Vergessenheit geratenen Rezepten der bäuerlichen Küche, die an den modernen Geschmack angepasst werden. Alles ist hausgemacht, von der Pasta bis zum Dessert. Die Atmosphäre ist freundlich.

Essen und Trinken

Große Portionen – **Il Latini:** ◼ **Karte 2, D 4,** Via Palchetti 6r, Tel. 055 21 09 16, www.illatini.com, Bus: 6, 11, 36, 37, Di–So 12.30–14.30, 19.30–22.30 Uhr, Menü 30–35 €. In dieser rustikalen Trattoria hängen die Schinkenhälften von der Decke und die Portionen sind größer als anderswo. Früher saßen an den langen Tischen in dem ehemaligen Pferdestall die Florentiner mit ihren *amici,* heute ist das Lokal meist von Touristen besucht – und brechend voll. Dennoch bietet die Küche nach wie vor gute Qualität zu vergleichsweise günstigen Preisen.

Sehr gefragt – **Osteria del Caffè Italiano:** ◼ Karte 2, F 5, Via dell'Isola delle Stinche 11–13r, Tel. 055 28 93 68, www.caffeitaliano.it, Bus: 23, C1, C3, Di–So 12–15, 19.30 Uhr bis spät nachts, Pizzeria nur abends geöffnet, Menü ca. 40 €, Mittagsmenü 8–12 €, Pizza um 12 €. Hier kann man nur ein Glas Wein als Sundowner trinken, schnell eine Pizza essen oder im Restaurant die typisch toskanische Küche kosten. Die Osteria bietet drei unterschiedliche Ambiente und Preislagen an und gehört derzeit zu den gefragtesten Lokalen der Stadt. In der Pizzeria führt der Neapolitaner Enzo das Regiment.

Einfach und frisch – **Osteria dell'Ortolano:** ◼ F 3, Via degli Alfani 91r, Bus 14, 23, C1, Mo, Di 10–15, Mi–Fr 10–15, 17–22, Sa 11–15, 18–22 Uhr, Antipasti 8 €, Pasta 9 €, Hauptgericht 14 €. Die sympathischen Gastleute Marta Mezzetti und Massimo Zetti haben aus ihrem kleinen Spezialitätengeschäft ein Restaurant gemacht, in dem sie täglich Gerichte aus frischen Zutaten anbieten: Gemüse im Blätterteig, Kichererbsencreme mit Hirse, Perlhuhn und toskanisches Steak (*tagliata*).

Vegetarisch

Auch für Veganer – **Il Vegetariano:** ◼ **F 2,** Via delle Ruote 30r, Tel. 055 47 50 30, www.il-vegetariano.it, Bus: 1, 12, 17, 23, Di–Fr 12.30–14.30, 19.30–22.30, Sa, So 19.30–22.30 Uhr, Hauptgerichte 20 €. Das Restaurant, das seit 30 Jahren existiert, bietet auf seiner Speisekarte fifty-fifty vegetarische und vegane Gerichte an. Die Rezepte stammen aus der toskanischen und italienischen, aber auch aus der internationalen Küche. Die Salate kann man sich aus einer großen Auswahl an rohem und gekochtem Gemüse selbst zusammenstellen. Der Hauswein kommt aus biologisch-dynamischem Anbau, aber auch die Flaschenweine sind bio. Zudem gibt es eine große Auswahl an Bieren, Fruchtsäften und Tees.

Von früh bis spät – **La Raccolta:** ◼ **H 4,** Via Giacomo Leopardi 2r, Tel. 055 247 90 68, www.laraccolta.it, Bus: 6, 19, 14, 23, 31, 32, C2, C3, Mo–Sa 12.30–15 Uhr, Hauptgerichte 12–15 €. Hier wird das Frühstück mit Bio-Joghurt, selbst gemachten Fruchtsäften und Soja-Milch serviert (in der Cafeteria ab 8.30 Uhr). Mittags gibt es eine große Auswahl an Gerichten: Pasta, Getreide, Tofu, Linsen, Kichererbsen, Salate und Eintöpfe. Im Lokal werden auch Lebensmittel, Kosmetika und Zeitschriften verkauft.

Koscher – **Ruth's:** ◼ **G 4,** Via Farini 2a/r, Tel. 055 248 08 88, www.kosheruth.com, Bus: 6, 14, 32, 31, 32, C1, Mo–Sa 12.30–14.30, 20–22.30 Uhr, Menü 15–25 €. Nicht nur für Vegetarier, auch für alle, die eine Abwechslung von der italienischen Küche suchen, ist das koschere Restaurant eine gute Adresse. Zu den – von der arabischen Küche beeinflussten – Gerichten gehören Fischsuppe und Couscous mit Fisch

Essen und Trinken

und Gemüse, aber auch Pasta mit Gemüse und eine Vielzahl von Salaten. Das Restaurant gehört zum Komplex der Synagoge, die man bei dieser Gelegenheit gleich besichtigen kann.

Wein und kleine Mahlzeiten

Beliebt bei Studenten – **La Mescita Fiaschetteria:** **F 3,** Via degli Alfani 70r, Tel. 0039 338 99 22 640, Bus: 14, 23, C1, Mo–Sa 11–16 Uhr, Wein und Mahlzeit weniger als 10 €. Wie in jeder Weinstube, die etwas auf sich hält, wird hier der Wein gläserweise mit *panini* und warmen Gerichten zu bescheidenen Preisen angeboten. Mittags wird das Lokal deshalb von Studenten bevölkert. Das Tagesgericht ist aber auch hungrigen Reisenden zu empfehlen.

Einfache Gerichte – **Il Vainaino:** **D 4,** Via Palazzuolo 124r, Tel. 055 29 22 87, Bus: 6, 11, 12, 36, 37, C1, C2, Mo–Sa 11–1 Uhr, Pasta 6–7 €, Fleisch und Gemüse 8 €, Mittagstisch 5–6 €. Sympathisches Lokal bei Santa Maria Novella, wo man ein Glas Wein kosten, aber auch bis spät abends *crostini* und einfache Gerichte bestellen kann. Morgens gibt es an der Bar auch *caffè* und *cappuccino*.

Mit Tresen – **Vineria Ristorante Gastone:** **Karte 2, F/G 5,** Via Palmieri 24–26r, Tel. 055 263 87 63, www.gastonefirenze.it, Bus: 23, C1, C2, Mo– Sa 12–15, 19–23 Uhr, Menü mittags 13 €, abends 35–40 €. Der erste Teil dieses Weinrestaurants ist eine Winebar mit Tresen, wo man ein Glas mit einem *panino* oder einem kleinen Gericht bestellen kann. Im Restaurant werden hauptsächlich Fisch, aber auch anspruchsvolle Fleischgerichte serviert. Die angebrochene Weinflasche darf man sich einpacken lassen. Im Winter bietet das Lokal außerdem Kochkurse an.

Eis in Florenz schmeckt vor dem Shoppen, nach dem Shoppen – immer

Einkaufen

Shopping-Stadt Florenz
Wer es darauf anlegt, kann in der eleganten Shopping Mall um die Via Tornabuoni richtig viel Geld für einen Armani-Anzug, Ferragamo-Schuhe oder ein Kleid von Gucci ausgeben. Aber in Florenz gibt es nicht nur die exklusiven Marken der Designer. In den Straßen des Zentrums findet man auch immer noch die traditionellen Textilgeschäfte, die wie vor 50 Jahren bestickte Kleider oder zeitlose Wollpullover in traditioneller Qualität verkaufen. Und natürlich gibt es auch die neuen Geschäfte von jungen Leuten, die oft zu günstigen Preisen selbst entworfene Klamotten, fantasievolle Accessoires und skurrilen Modeschmuck anbieten. Die einzigen Orte, wo man noch richtige Schnäppchen machen kann, sind die Wochenmärkte (s. S. 102).

Alles zu Fuß oder im Elektrobus
Der Vorteil der Shopping-Stadt Florenz: Im Gegensatz zu den großen Metropolen kann man alle Einkaufsstraßen und Geschäfte zu Fuß erreichen – wenn man zwischendurch die Tüten im Hotel abstellt. Auch über den Fluss, vom Zentrum bis Oltrarno, kann man bequem zu Fuß gehen. Meist geht man nicht länger als eine halbe Stunde. Wem nach einer langen Shopping-Tour die Füße schmerzen, kann in einen der kleinen Elektrobusse steigen, die durch das Zentrum fahren. Die wichtigsten Linien sind C1, C2, C3 und D. Die Linien C3 und D fahren auch nach Oltrarno bis zum Palazzo Pitti.

Wo kauft man was?
Die teuren Designer-Geschäfte konzentrieren sich in der Via Tornabuoni, der Via della Vigna Nuova, der Via Roma und um den Palazzo Strozzi. Die Via de' Calzaiuoli ist ein Suk aus Bekleidungsläden aller Preisklassen sowie Tabak- und Souvenirgeschäften. Die exklusive Location des Ponte Vecchio haben sich schon im 16. Jh. die Goldschmiede erobert. Die Lederwäscher und -gerber wohnten traditionell in der Gegend um die Piazza Santa Croce und dort findet man bis heute die meisten Ledergeschäfte. In Oltrarno – auf der anderen Seite des Flusses – hingegen gibt es die *botteghe* der Kunsthandwerker, die Geschäfte der Antiquitätenhändler und neue hippe Läden mit Bekleidung, Schmuck und ausgefallenen Geschenkideen.

Öffnungszeiten
In Italien gibt es keine allgemeingültigen Öffnungszeiten. In Florenz gilt die Faustregel: Mo–Sa 9–13 und 15.30–20 Uhr (Sommer) bzw. bis 19.30 Uhr (Winter). Große Geschäfte in der Innenstadt haben durchgehend und zum Teil auch am Sonntag geöffnet. Viele Läden sind montagmorgens geschlossen, Lebensmittelläden und Supermärkte schließen Mittwoch (im Winter) oder Samstag (im Sommer) am Nachmittag.

Einkaufen

Bücher und CDs

Englisch – **B&M Bookshop:** ■ **D 4/5,** Borgo Ognissanti 4, www.bmbookshop.com, Bus 6, 11, 12, 36, 37, C3, Di–Sa 11–19 Uhr. Wenn es draußen heiß und laut ist, kann man hier in aller Ruhe Kunst- und Fotobücher anschauen, aber auch Reiseführer und Kunstdrucke kaufen. Im Laden bekommt man das Programm der Autorenlesungen.

Raritäten und Vinyl – **Data Records 93:** ■ **Karte 2, F 5,** Via de' Neri 15r, www.superrecords.com, Bus: 23, C1, C3, Di–Sa 10–13, 14–19.30, Mo 14–19.30, So 15.30–19.30 Uhr. Eine bekannte Adresse bei Musik-Freaks. Hier gibt es nicht nur aktuelle CDs und DVDs, sondern auch Raritäten und Vinylplatten. Der Laden liegt zentral zwischen Palazzo Vecchio und Uffizien.

Nicht nur Bücher – **Feltrinelli:** ■ **Karte 2, E 4,** Via Cerretani 30r, www.lafeltrinelli.it, Bus: 6, 11, 22, C2, Mo–Fr 9.30–20 Uhr. Der Verlag Feltrinelli verfügt über die größte Buchladenkette in Italien. In der Florentiner Filiale gibt es auf einem Quadratkilometer 49 Bücherabteilungen, CDs, Fun-T-Shirts und hübsche Kleinigkeiten. Literatur auf Deutsch findet man bei Feltrinelli International, Via Cavour 12, s. S. 54.

Delikatessen und Lebensmittel

Vom Konditor – **Dolci e Dolcezze:** ■ **H 5,** Piazza Beccaria 8r, Bus: 8, 13, 14, 31, 32, C2, C3, Di–Sa 8.30–20, So 9–13, 16.30–19.30 Uhr. Liegt nicht ganz zentral, gehört aber zu den besten Konditoreien der Stadt. Das Angebot reicht vom traditionellen *panforte* bis zu Schokokuchen, Feingebäck, Pralinen und der bekannten Birnentorte *(torta di pera).* Der Service ist sehr freundlich.

Italienische Spezialitäten – **Oleum Olivae:** ■ **Karte 2, G 4,** Via S. Egidio 22r, Bus: 14, 23, C1, C2, Mo–Fr 10–19 Uhr. Bei Alberto und Margherita bekommt man nicht nur Olivenöl aus der Toskana, sondern auch Öle aus allen Regionen Italiens. Sie bieten aber auch Aceto Balsamico, toskanische Hülsenfrüchte, Käse und in Öl eingemachtes Gemüse an. Wer beim Einkaufen Appetit bekommt, kann sich ein *panino* zubereiten lassen.

Shoppen & Essen – **Olio & Convivium:** ■ **Karte 2, D/E 5,** Via Santo Spirito 4, www.conviviumfirenze.it. Man kann hier Weine, Grappas, Olivenöl, Schinken, Parmigiano, Honig, Trüffel und Eingemachtes kaufen. Und man kann zwischen den bestens bestückten Weinregalen und einem antiken Eisschrank auch eine Kleinigkeit essen – etwas teurer, aber dafür besonderes Ambiente und hohe Qualität.

Nicht nur Brot – **Pane & Co.:** ■ **Karte 2, F 5,** Piazza di San Firenze 5r, Bus: C1, C2, Mo–Sa 8–20 Uhr. In diesem Geschäft, nahe des Bargello, bekommt man eine große Auswahl an toskanischem Brot und Pizza, aber auch Schafskäse aus Pienza, Schinken aus Pratomagno und Gebäck aus Siena.

Feinkost – **Pegna:** ■ **Karte 2, F 4,** Via dello Studio 8, www.pegna.it, Bus: C1, C2, Mo–Sa 9.30–19.30 Uhr. Das Feinkostgeschäft versorgt Florentiner und Besucher seit 1860 mit ausgewählten Spezialitäten aus der Toskana und importierten Köstlichkeiten. Hier bekommt man Schinken aus Siena, aber auch indisches Chutney. Bei Pegna kann man unter rund 7000 Artikeln auswählen.

Einkaufen

Einkaufsparadies Markt

Mercato Centrale di San Lorenzo: ■ **E 3,** Via dell'Ariento, Bus: 6, 11, 22, C1, C2, Mo–Sa 7–14 Uhr. Hier gibt es vor allem frische Waren und toskanische Spezialitäten (s. S. 49).

Mercato Nuovo: ■ **Karte 2, E 5,** Loggia del Mercato Nuovo/Via Calimala, Bus: C2, Di–Sa 8–19.30/20 Uhr. Hier bieten die Händler an, was die Touristen gerne kaufen: Lederwaren, T-Shirts, Tücher, Krawatten, Strohhüte und Souvenirs. Im Volksmund heißt er ›Mercato del Porcellino‹ – mit dem ›Schweinchen‹ ist das bronzene Wildschwein des Marktbrunnens gemeint. Angeblich bringt es Glück, seine Nase anzufassen und eine Münze in den Brunnen zu werfen.

Mercato delle Pulci (Flohmarkt): ■ **G 5,** Piazza dei Ciompi, Bus: C2, C3, tgl. 9–19.30 Uhr. Auf der Piazza, wo 1378 der Aufstand der Wollwäscher stattfand, bekommt man so ziemlich alles: Möbel, Skulpturen, Puppen, Bücher, Kleider, Porzellan und Krimskrams. Unter der Woche trifft man meistens nur die Händler mit einem festen Platz an. Am letzten Sonntag im Monat kommen Verkäufer aus der ganzen Region.

Mercato di Sant'Ambrogio: ■ **G/H 5,** Piazza Ghiberti, Bus: 14, C2, C3, Mo–Sa 7–14 Uhr. Markt der Landwirte der Umgebung. Außer frischem Obst und Gemüse gibt es auch Kleider und Schuhe – alles deutlich günstiger als in den Geschäften.

Mercato delle Cascine: ■ **westl. A 3,** Viale Lincoln, Bus: 6, 13, C3, Di 8–14 Uhr. Dieser Wochenmarkt ist sehr beliebt bei den Florentinern. Neben Lebensmitteln verkaufen die Händler an den zahlreichen Ständen auch Schuhe und Bekleidung aller Art – von topmodern bis Second Hand.

Geschenke, Design, Kurioses

Musikinstrumente – **Casa Musicale G. Ceccherini:** ■ **F 4,** Via Ginori 15r, www.ceccherinimusic.com, Bus: 14, C1, Mo–Fr 9–13, 15.30–19.30, Sa 9–13 Uhr. Verkauf, Verleih und Reparatur von Musikinstrumenten aller Art. Im Sortiment gibt es auch Verstärker, Mikrofone, Boxen, Synthesizer und Zubehör aller Art; bei Bedarf werden Instrumente gestimmt.

Vergoldete Putten – **Castorina:** ■ **Karte 2, D 5,** Via Santo Spirito 13–15r, Bus: 11, 36, 37, C3, D, Mo–Fr 9–13, 15–19, Sa 9–13 Uhr. In der *botthega* von Marco Castorina kommen alle auf ihre Kosten, die einen Hang zum Barocken haben. Es gibt geschwungene Tische, antik wirkende Holzrahmen und Spiegel, Deko-Elemente aus Stuck, Engel und Putten – das Meiste glanzvoll vergoldet.

Retro-Design – **Soqquadro:** ■ **Karte 2, G 4,** Borgo Pinti 13r, soqquadro livingfirenze.wordpress.com, Bus: 6, 14, 23, C1, Mo–Sa 10–19.30 Uhr, Mo morgens und Sa nachmittags geschlossen. Ausgefallene Möbel, Einrichtungszubehör, Lampen, Spielzeug und Handtaschen. Design seit den 1940er-Jahren. Besitzerin Sonia Petricone stellt zudem zeitgenössische Malerei und Skulpturen aus. Lohnt auch zum Anschauen.

Lampenschirme – **Il Paralume:** ■ **C 5,** Borgo S. Frediano 77–79r, www.

ilparalume.it, Bus: 6, 11, 36, 37, D, Mo–Fr 9–13, 15.30–19.30, Sa 9–13 Uhr. In alter florentinischer Handwerkstradition werden hier Lampenschirme für jede Art von Lampenfuß gefertigt und verkauft. Die Schirme aus imprägniertem Stoff können an alle Materialien und Einrichtungsstile angepasst werden.

Plastik-Design – **Kartell:** ■ **D 4,** Borgo Ognissanti 52r, www.feri-carlo.com, Bus: 6, 11, 12, 36, 37, C3, Mo 15.30–19.45, Di–Fr 10–19.45, Sa 10–13 Uhr (Sommer), Di–Sa 10–19.45 Uhr (Winter). Mono-Marken-Shop des Mailänder Einrichtungsherstellers Kartell. Schicke Sessel, Stühle, Tische, Lampen, Vasen – alles rigoros aus Plastik und zu erschwinglichen Preisen.

Kleinode für das Haus – **La Ménagère:** ■ **E 4,** Via de' Ginori 8r, Bus: 14, 23, C1, Mo 15.30–19.30, Di–Sa 9–13, 15.30–19.30 Uhr. Das Geschäft, das seit 1921 von der Familie Bianchi geführt wird, ist in dem ehemaligen Palazzo Ginori untergebracht und mit Möbeln aus dem 19. Jh. eingerichtet. Hier gibt es elegantes Tafelservice, aber auch Dekorationsgegenstände aus Glas, Kristall und Porzellan.

Schickes Küchengerät – **Mesticheria Mazzanti:** ■ **G 4,** Borgo La Croce 101r, Bus: 12, 31, 32, C2, C3, Mo–Fr 8–13, 15–19.30, Sa 9–13 Uhr. In dem großen Sortiment von Mazzanti findet man viele praktische Dinge wie Scheren oder Blumentöpfe. Man kann aber auch schickes Küchengerät aus Edelstahl und die berühmten italienischen Kaffeemaschinen kaufen.

Duftwasser – **Olfattorio:** ■ **Karte 2, E 5,** Via de' Tornabuoni 6r, www.olfattorio.it, Bus: 6, 11, C3, Mo–Sa 10.30–19.15 Uhr. Eine hypermoderne Parfümerie in einem antiken Palazzo mit Säulen und bemalten Bögen. Geführt werden ausgewählte Marken wie Penhaligon's oder Les Parfums de Rosine, die man nicht in jedem Drogeriemarkt findet. Die Verkäufer lassen ihre Kunden gern schnuppern.

Mode

Made in Italy – **Echo:** ■ **Karte 2, F 4,** Via dell' Oriuolo 37r, 14, 23, C1, C2, Mo–Sa 10–19.30, So 15.30–19.30 Uhr. Unter dem Namen gibt es zwei nebeneinanderliegende Läden: das ›Atelier‹ mit eleganter und den ›Store‹ mit sportlicherer Mode, die in Italien entworfen und hergestellt wird und trotzdem nicht viel kostet. Dazu gibt es bunte und originale Accessoires.

Secondhand – **La belle epoque:** ■ **Karte 2, G 4,** Borgo Pinti 24r, Bus: 6, 14, 23, C1, Mo–Sa 10–13, 16–19.30 Uhr. Das Geschäft bietet seit 1973 eine große Auswahl an Vintage und Secondhand sowie Theaterkostüme.

Einzelstücke – **Mrs Macis:** ■ **G 4,** Borgo Pinti 28r, www.mrsmacis.it, Bus: 6, C1, C2, Mo 16–19.30, Di–Sa 10.30–13, 16–19.30 Uhr. In dieser Boutique finden Sie ausgefallene Modelle aller Art: Blusen im Fledermaus-Look oder Kleider aus Jersey-Stoffen der 1960er-Jahre. Alle sind Einzelstücke, denn die Modedesignerin Carla Macis, die auch schon für Pucci entworfen hat, arbeitet mit Stoffresten, die sie in ganz Italien zusammensucht. Besonders hübsch: dasselbe Modell in Klein und Groß für Mutter und Tochter.

Italienische Modelabels – **Raspini:** ■ **Karte 2, E 4,** Via Roma 25r, www.raspini.com, Bus: C2, Mo–Sa 9.30–13,

Einkaufen

15.30–19.30, So 14–19 Uhr (im Sommer durchgehend geöffnet). Bei Raspini findet man alle italienischen Modemarken unter einem Dach und in großer Auswahl, was Modelle und Größen betrifft. Raspini führt inzwischen mehrere Geschäfte, auch ein Outlet in der Via Calimaruzza.

Outlet – **The Mall:** ■ **südöstl. K 6,** Via Europa 8 in Leccio Reggello, www.themall.it, Mo–So 10–19 Uhr. In dem Factory Outlet Center südöstlich der Stadt gibt es alle exklusiven Modemarken, allerdings zu einem deutlich geringeren Preis als in den Florentiner Boutiquen. Shuttle-Busse (Ticket h/r 25 €, Reservierung, auch deutsch, unter 055 865 77 75) kommen ins Hotel oder fahren zu bestimmten Zeiten an der Piazza Repubblica (vor dem Hotel Savoy) oder vom Hauptbahnhof (vor McDonald's) ab. Günstiger geht es öffentlich vom SITA-Busbahnhof (Via Santa Caterina da Siena 17, nahe Hauptbahnhof, einfache Fahrt 5 €).

Schmuck

Hohe Qualität – **Lapini:** ■ **C 5,** Borgo San Frediano 50r, www.paololapini.it, Bus: 6, 11, 12, 36, 37, D, Mo–Fr 9–13, 15.30–19.30 Uhr. Hier kann man sicher sein, dass Schmuck und Steine von ausgewählter Qualität sind. Designt – ob traditionell oder modern – werden die Preziosen immer in der eigenen Werkstatt. Berühmt sind auch Lapinis Perlenketten.

Modernes Design – **Angela Caputi:** ■ **Karte 2, E 5,** Borgo SS. Apostoli 44/46. Angela Caputi ist eine der bekanntesten Schmuckdesignerinnen Italiens. In diesem Laden verkauft sie ihre Kreationen (s. auch S. 46).

Schuhe und Lederwaren

Bunt und bizarr – **Albion Calzature:** ■ **E 3,** Via Nazionale 121a/r, Bus: 6, 11, 12, 36, 37, C3, unregelmäßige Öffnungszeiten. Fertigt seit 1952 von Hand ausgefallene und weniger ausgefallene Schuhmodelle. Die Paare können mal ganz bunt und bizarr geformt oder ganz klassisch ausfallen. Jedes Modell kann aber auch nach eigenem Gusto verändert werden.

Kuhleder – **Il Bisonte:** ■ **Karte 2, E 5,** Via del Parione 31–33, www.ilbisonte.com, Bus: 6, 11, 36, 37, C3, Mo 15–19, Di–Sa 9.30–19 Uhr. Der Schuhmacher Wanni di Filippo hat mit seinen Schuhen und Accessoires aus Kuhleder die Marke mit dem Bison geschaffen. Er verwendet nur naturbelassenes Leder und ist vor allem in den USA beliebt. Die Schuhe sind zwar nicht billig, halten dafür aber angeblich fast ein ganzes Leben.

Florentiner Tradition – **Nannini:** ■ **Karte 2, E 5,** Via Porta Rossa 64r, www.nannini.com, Bus: C2, Mo–Sa 10–19 Uhr (im Winter Mo morgens, im Sommer Sa nachmittags geschl.). Nannini gehört zu den Traditionsgeschäften der Florentiner. 1945 begann Virgilio Nannini mit diesem Handwerk. Bis heute verkauft das Geschäft hochqualitative Schuhe und Taschen aus eigener Produktion. Vor allem die Taschen gibt es in vielen verschiedenen Farben.

Geschenkideen – **Pelletterie Fiorentine:** ■ **Karte 2, F 4,** Via Sant'Egidio 31r, www.pelletteriefiorentine.it, Bus: 14, 23, C1, Mo–Sa 9.30–12.30, 14.30–18.30 Uhr (im Sommer Sa nachmittags geschl.). Die Firma wurde 1952 als Zusammenschluss mehrerer Kürschner

Einkaufen

Von schrill-bunt bis klassisch – bei Albion Calzature wird jeder fündig

gegründet. Das Sortiment besteht aus kleinen, aber feinen Objekten aus hochwertig verarbeitetem Leder: Zigarrenetuis, Schreibtischsets, Schmucketuis, Fotoalben, Taschenkalender etc. – alles bestens zum Verschenken geeignet.

Traditionsgeschäfte

Kunstdrucke – **Giovanni Baccani:** ■ **Karte 2, E 4,** Via della Vigna Nuova 5, Bus: 6, 11, C3, Mo 15.30–19.30, Di–Sa 9–13, 15.30–19.30 Uhr. Nicht in Oltrarno, sondern mitten im Zentrum befindet sich diese antike *bottega,* die seit 1903 Kupferstiche, Kunstdrucke und handgefertigte Rahmen verkauft. Zu empfehlen sind die Ansichten von Florenz und die geografischen Karten.

Silber und Kristall – **Pampaloni:** ■ **Karte 2, E 5,** Via Porta Rossa 99r, www.pampaloni.com, Bus: 6, 11, C2, Mo–Fr 10–14, 15–19, Sa 10–14 Uhr. Pampaloni ist eines der wenigen Florentiner Traditionsgeschäfte, das noch eine eigene Fabrik hat. Diese produziert Schalen, Platten, Dosen und andere Objekte in Silber. Im Geschäft werden auch Porzellan und Kristall verkauft. Die Fabrik kann Di–Fr von 10 bis 16 Uhr besichtigt werden.

Florentiner Papier – **Pineider:** ■ **Karte 2, F 5,** Piazza dei Rucellai 4/7r, www.pineider.com, Bus: 6, 11, C3, Di–Sa 10–19.30 Uhr. Existiert seit 1774 und war die erste Schreibwarenhandlung Italiens (früher direkt an der Piazza Signoria). Zu den Kunden gehörten Napoleon, Stendhal und Maria Callas. Bis heute gibt es hier das feine Florentiner Papier in allen Farben und Mustern, aber auch edles Schreibgerät – ideal für alle, die ein besonderes Mitbringsel suchen.

Ausgehen – abends und nachts

Florenz bei Nacht
An warmen Sommerabenden ist jeder Platz der Stadt von jungen Leuten belagert, an jeder Ecke spielen Straßenmusikanten und die Cafés sind brechend voll. Außerhalb der Saison scheint die Stadt abends wie ausgestorben zu sein, sodass sich viele Touristen resigniert in ihre Hotelbar zurückziehen. Doch der Schein trügt. *Tirare tardi* – spät nach Hause kommen – macht den jungen Florentinern Spaß und sie haben dafür ihre einschlägigen Lokale: Discos und Bars, die bis spät nachts geöffnet haben. Viele haben sich in den vergangenen Jahren allerdings außerhalb des Zentrums vergnügt, weil viele Lokale in der Innenstadt um ein Uhr schließen mussten. Jetzt darf auch im *centro storico* je nach Konzession wieder länger gefeiert werden.

Pubs und Cocktailbars
Die Klassifizierung des Florentiner Nachtlebens ist nicht einfach, denn Drinks und Musik bietet heutzutage fast jedes Etablissement. Auffallend ist die massive Präsenz von englischen und irischen Pubs in der Kneipenszene. Hier treffen sich Italiener und Touristen am Tresen auf ein kühles Bier. Dabei haben die Italiener selbst hervorragende *birre* wie beispielsweise Moretti, Prinz und San Souci, die es in den italienischen Bierkneipen, den *birrerie*, und in vielen Bars gibt. Die Cocktailbars bieten fast alle ein Buffet zum Aperitif, aber haben meist auch bis spät nachts geöffnet. Hier sitzt man an der Bar, hört Musik oder plaudert mit dem Glas *vino* oder einem Negroni (s. S. 108) in der Hand vor dem Lokal mit *amici* oder neuen Bekannten. Oft legen zu später Stunde DJs auf und dann wird getanzt.

Tanz und Musik
Die klassischen *discoteche* sind vor allem bei jüngerem Publikum beliebt. Achtung: In den italienischen Discos ist Glamour-Look angesagt. Nicht nur der Schmuck, auch die Klamotten funkeln in Gold und Silber, wenn sich die jungen Florentiner ins Nachtleben stürzen. Manche kommen aber auch in Jeans und Turnschuhen. Das ist auch in Ordnung, einen wirklichen Dresscode gibt es nicht. Dennoch waren und sind eine gewisse Eleganz oder ein lässiger Stil schon immer wichtig in Italien. Der Eintritt kostet in der Regel 10 bis 15 €, meist ist ein Getränk inklusive. Die Stimmung steigt erst richtig nach Mitternacht. In den Musikclubs läuft neben Latino, Funk, Hip-Hop, Techno und House auch viel italienische Musik. In den Clubs und Jazzlokalen fangen die Konzerte meist erst nach 22 Uhr an, also wenn man in aller Ruhe gegessen hat. In einigen Lokalen muss man noch die *tessere*, die Clubausweise, erstehen, die zwischen 2 und 10 € kosten. Dieses System stammt aus der Zeit, als in Italien viele Clubs aus Steuergründen als Kulturvereine eingetragen waren.

Ausgehen

Zentren des Nachtlebens

In Florenz gibt es keine Vergnügungsmeile wie in vielen anderen europäischen Städten. Abends trifft man sich auf der Piazza Strozzi oder auf der Piazza della Repubblica, wo die Cafés bis spät geöffnet sind. Von dort zieht man in die Nachtbars des Zentrums. Ein In-Viertel ist die Gegend zwischen Piazza Santa Croce und dem Mercato di Sant' Ambrogio. Berühmt für die nächtliche Movida sind auch die Lokale von Oltrarno. An der Piazza Santo Spirito sind die Abende immer lang, manchmal werden Livekonzerte gegeben. Viele Nachtlokale gibt es auch an der Piazza Santa Maria del Carmine und in San Niccolò.

Aktuelles Programm

In Florenz werden zu jeder Jahreszeit Konzerte, Musikfestivals oder traditionelle Stadtfeste geboten. Die Programme kann man dem Lokalteil der überregionalen Tageszeitungen wie »La Repubblica« oder »Corriere della Sera« oder der lokalen Zeitung »La Nazione« entnehmen. Weitere Veranstaltungshinweise finden Sie aktuell in den Magazinen »Firenze Spettacolo« (www.firenzespettacolo.it), »Informa Città« (www.informacittà.net), in dem Touristenmagazin »The Florentine« (www.theflorentine.net) und auf der Website der Touristenagentur (www.firenzeturismo.it/events).

Kartenvorverkauf

Die Tickets für einzelne Veranstaltungen, aber auch für Festivals wie Maggio Musicale oder Firenze Estate gibt es bei der Agentur **Box Office,** Via Alamanni 39 (an der Westseite des Hauptbahnhofs), Tel. 055 21 08, Mo 15.30–19.30, Di–So 10–19.30 Uhr, www.boxol.it oder www.boxofficetoscana.it.

Birrerie und Pubs

Italienisches Bier – **Il Bovaro:** ■ C 5, Via Pisana 3r, Tel. 055 220 70 57, www.ilbovaro.it, Bus: 6, 13, D, tgl. 19–1, Fr, Sa 19–2 Uhr. In einem alten Gemäuer brauen die drei Brüder Venturi nach traditionellen Methoden ihr eigenes Bier und servieren es ihren Gästen frisch gezapft. Dazu gibt es Spezialitäten aus den Regionen Trentin und Venetien.

Direkt am Dom – **Old Stove Duomo:** ■ Karte 2, E 4, Piazza San Giovanni 4r, Tel. 055 28 02 60, Bus: 14, 23, C1, C2, tgl. 9–2 Uhr. Die bekannteste Bierkneipe der Stadt erstreckt sich über zwei Stockwerke. Mit sehr viel Glück ergattert man ein Tischchen auf einem kleinen Balkon. Von dort aus scheint das Baptisterium zum Greifen nahe. Einen Cocktail gibt es für 6 €, alle anderen Getränke kosten weniger. Der Pub ist ein Partnerlokal von:

Irish Style – **The Old Stove:** ■ Karte 2, E 5, Via Pellicceria 2–4–6r, Tel. 055 28 46 40, www.oldstovepubs.it, Bus: C2, tgl. 12–2.30 Uhr. In diesem im Irish Style eingerichteten Lokal nahe der Piazza Repubblica geht es zu später Stunde meist fröhlich zu. Serviert werden irisches Bier, Wein und Cocktails, dazu Snacks und Sandwiches. Im Sommer kann man auch draußen sitzen.

Originell – **The Fiddler's Elbow:** ■ Karte 2, E 4, Piazza Santa Maria Novella 7a, Tel. 055 21 50 56, www.thefiddlerselbow.com, Bus: 6, 11, 12, 22, 36, 37, C2, tgl. 12–2 Uhr. Das Fiddler's war der erste irische Pub in der Stadt und ist bei Florentinern, Touristen und Studenten gleichermaßen beliebt. Die vier Räume sind originell mit Möbeln und Objekten vom Floh- und Antiquitätenmarkt eingerichtet.

Ausgehen

Cocktailbars und Szenekneipen

Cool – **Rivalta (Ex Capocaccia): ■ Karte 2, E 5,** Lungarno Corsini 12r, Tel. 055 21 07 52, Bus: 6, 37, C3, D, Di–So 12–2 Uhr. Elegant eingerichteter Treffpunkt der coolen Szene von Florenz. Am Wochenende ist der Andrang so groß, dass die Party auf der Straße weitergeht.

VIP-Lounge – **Colle Bereto: ■ Karte 2, E 5,** Piazza Strozzi 5r, Tel. 055 28 31 56, Bus: 6, 11, C3, Mo–Sa 9–3, So 17–3 Uhr. In-Lokal der Schönen und Berühmten im Zentrum, benannt nach dem Weinhersteller Colle Bereto, dessen Weine ausgeschenkt werden. In den oberen Etagen werden eine VIP-Lounge und Dance-Floor-Mix geboten. Man kann auch draußen sitzen – und in sehr schicken Sesseln versinken.

Mit Panorama – **Flò Lounge Bar: ■ G 7,** Piazzale Michelangelo 84r, Tel. 055 65 07 91, www.flofirenze.com, Bus: 12, 13, nur im Sommer tgl. 19–3 Uhr. Seit Mai 2010, also seit es dieses schicke Lokal gibt, zieht es die Florentiner abends wieder auf den Aussichtsplatz über der Stadt, den Piazzale Michelangelo, wo sich sonst vor allem Touristen tummeln (s. auch S. 63).

Online – **Moyo: ■ Karte 2, F 5,** Via dei Benci 23r, Tel. 055 247 97 38, www.moyo.it, Bus: 23, C1, C3, So–Do 8–2, Fr, Sa 8–3 Uhr. Das Moyo gehört zu den trendigsten Lokalen der Stadt. Als erste Bar von Florenz bot sie ihren Kunden eine Wireless-Zone an. Zum Aperitif füllt sich der große Raum mit dem gedämpftem Licht. Später am Abend wird hier Livemusik oder Vinyl-Sound gespielt. Mi–Sa DJ Set.

Von früh bis spät – **Negroni Florence Bar: ■ F 6,** Via de' Renai 17r, Tel. 055 24 36 47, www.negronibar.com, Bus: 23, D, C3, Mo–Sa 8–2, So 18.30–2 Uhr. In der hippen Bar am Arno-Ufer von Oltrarno, die sich nach dem in Florenz erfundenen Cocktail Negroni (Gin, roter Vermouth, Campari auf Eis) nennt, kann man den Tag verbringen. Für Mittag- und Abendessen sowie das gute Buffet zum Aperitif sorgt der Chef, für die internationalen Drinks die nimmermüden Barmänner. Die sind in Florenz mit ihrer Kreation Aperimundo berühmt geworden. Donnerstagabends wird auch getanzt.

Minimalistisch – **Porfirio Rubirosa: ■ E 2,** Viale Strozzi 18r–20r, Tel. 055 49 09 65, Bus: 4, 6, 8, 13, 12, 17, 20, Mo–Sa 19–3 Uhr, geöffnet nur 15.9.–1.6. Bar am Eingang der Fortezza da Basso. Eingerichtet in modernem Design und mit einem langen Tresen, wo man Cocktails schlürfen kann. Oder man schaut dem japanischen Chef Sato San dabei zu, wie er zum Aperitif Sushi, Sashimi und andere internationale Spezialitäten zubereitet. Garniert wird das Ganze mit Loungemusik.

American Bar – **Rex Café: ■ G 4,** Via Fiesolana 25r, Tel. 055 248 03 31, www.rexcafe.it, Bus: 14, 23, C1, tgl. 18–3 Uhr. Das nahe der Piazza Sant' Ambrogio gelegene Lokal war eine der ersten *american bars* in Florenz und ist bis heute ein absolutes Trend-Lokal. Der Abend beginnt an dem langen Tresen mit einem Aperitif, der zu den besten und preisgünstigsten der Stadt gehört. Ein Cocktail kostet um die 5 € und der Mojito ist in der ganzen Stadt bekannt. Zu vorgerückter Stunde legen DJs auf.

Demokratische Preise – **Shot Café: ■ Karte 2, F 4,** Via dei Pucci 5r, Tel.

Ausgehen

055 28 20 93, Bus: 14, 23, C1, tgl. 9–2 Uhr. Kein elegantes, aber ein sehr authentisches Lokal mit bunt gemischter Klientel. Die Preise für die Drinks sind angemessen und bis spät nachts ist hier etwas los. Liegt nahe beim Mercato Centrale.

Gute Atmo – **Zoe:** ■ **F 6,** Via de' Renai 13r, Tel. 055 24 31 11, Bus: 23, C3, D, Do–Sa 19.30–2 Uhr. Liegt gleich neben dem Negroni (s. S. 108) und zusammen gehören die beiden zu den wichtigsten Nachtschwärmer-Treffs der Stadt. Auch hier sind die Cocktails und das Bier von bester Qualität, das gilt auch für das Buffet zum Aperitif. Ansonsten werden viel Musik und gute Atmosphäre geboten. An warmen Abenden trifft man sich mit den Gästen von nebenan mit dem Glas in der Hand vor der Tür. Auch hier gibt es donnerstags *discoteca*.

Auf einen Cocktail ins Zoe …

Diskotheken

Movida – **Blue Velvet:** ■ **Karte 2, F 5,** Via del Castello D'Altafronte 16r, Tel. 055 21 55 21, www.bluevelvetfirenze.it, Bus: C1, tgl. 23.30–4 Uhr. Cocktail Bar und Dance Floor auf 300 m² mitten im Zentrum. Fr House und Sa Oldies der 70er-, 80er- und 90er-Jahre. Sehr angesagt bei den Florentinern.

Schicker Rauchersaal – **Doris:** ■ **Karte 2, F 5,** Via de' Pandolfini 26r, Tel. 055 246 67 75, Bus: C1, C2, tgl. 19–3.30 Uhr. Sympathisches Lokal auf drei Etagen, das nicht für ein ganz junges Publikum gedacht ist. Im Erdgeschoss stehen weiße Ledersofas, über eine rosafarbene Treppe erreicht man die oberen Stockwerke. Interessant für Raucher: Der Rauchersaal ist groß und schick eingerichtet.

Alternativ – **Auditorium Flog:** ■ **nördl. E 1,** Via Michele Mercati 24, Tel. 055 47 79 78, Bus: 4, 8, 20, 28, tgl. 21.30–2 Uhr, www.flog.it. Das Auditorium Flog (s. auch Kasten, S. 110) liegt etwas außerhalb im Stadtteil Rifredi. Hier gibt es nicht nur Konzerte bekannter Bands, sondern auch Disco ohne Glamour und Glitzer. Musik aus den 80ern, Rock und Reggae. Die Preise sind deutlich demokratischer als in anderen florentinischen Nachtlokalen.

Mitten im Modeviertel – **Full up:** ■ **Karte 2, F 5,** Via della Vigna Vecchia 23r, Tel. 055 29 30 06, www.fullupclub.com, Bus: C1, C2, Okt.–Mai Di–Sa 21–4 Uhr. Liegt mitten im Modeviertel – im Kellergeschoss des antiken Palazzo Baldini – und dementsprechend gestylt ist das Publikum. Das Lokal existiert seit den 1960ern und ist bei den Nachtschwärmern der Toskana bestens be-

Ausgehen

Festivals

Maggio Musicale Fiorentino: Das berühmteste Festival der Stadt wurde 1937 gegründet und gehört mit Bayreuth und Salzburg zu den wichtigsten europäischen Festivals. Von April–Juni werden Opern, Ballett und Kammerkonzerte dargeboten. Die meisten Aufführungen finden im **Teatro Comunale** (■ C 4) und im neuen **Parco della Musica e della Cultura** (■ B 3, Via Fratelli Rosselli, www.maggio fiorentino.com, S. 81) oder im barocken **Teatro della Pergola** (■ Karte 2, G 4, www.pergola.firenze. it) statt. Einige der Darbietungen kann man allerdings auch in der einzigartigen Szenerie von Renaissance-Kirchen, berühmten Plätzen oder in den **Boboli-Gärten** (s. S. 66) bewundern. Die Karten kosten zwischen 10 und 100 €.
Firenze Estate: Jeden Sommer, von Mai bis September, organisiert die Stadt ein Festival mit unterschiedlichen Veranstaltungen, die im Park Le Cascine (s. S. 81), in Konzertsälen oder auf den Plätzen stattfinden. Firenze Estate ist sehr international ausgerichtet und zeigt multimediale Darbietungen, zeitgenössische Kunst, Konzerte, Tanz, Theater u. a.
Musica dei Popoli: Das Festival der ›Volksmusik‹ gibt es seit 1979 und es hat sich zu einer der wichtigsten Veranstaltungen der internationalen Folk- und Ethno-Musik gemausert. Für das Festival, das jeden Oktober im **Auditorium Flog W Live** (■ nördl. E 1, Via Mercati 24, www.flog.it) stattfindet, reisen Künstler aus aller Welt an.
Infos und Tickets zu allen Festivals und Veranstaltungen gibt es bei der Touristenauskunft APT (s. S. 19) und bei Box Office (s. Kartenvorverkauf S. 107).

kannt. Auch hier darf, zumindest nahe der Tanzfläche, geraucht werden.

Mega-Disco – **Space Club:** ■ D 4, Via Palazzuolo 37r, Tel. 055 29 30 82, www.spaceelectronic.net, Bus: 6, 11, 12, 36, 37, C2, tgl. 23–3.30 Uhr. Die Disco liegt in der Nähe des Bahnhofs S. Maria Novella. Auf zwei Etagen können 800 Leute unterkommen. Im oberen Stock wird zu House und Hip-Hop sowie zu Musik aus den Charts und zu Oldies – alles mit großer Laser-Show – getanzt. Im Untergeschoss steht die Bar und ein Aquarium mit Piranhas.

Top-DJs – **Tenax:** ■ nordwestl. A 1, Via Pratese 46r, Tel. 055 30 81 60, www.tenax.org, Bus: 29, 30, Di, Do–So 23–3 Uhr. Eine Institution unter den Nachtlokalen von Florenz. Livemusik mit bekannten italienischen und internationalen Bands – im Tenax haben in den 1980ern schon David Byrne, das Spandau Ballet und viele andere gespielt. Heute legen hier die besten italienischen DJs auf. Man tanzt zu Progressive House, Big Beat und Hip-Hop.

A la mode – **Yab:** ■ Karte 2, E 4, Via Sassetti 5r, Tel. 055 21 51 60, www.yab. it, Bus 6, 11, C2, Okt.–Mai Mo, Mi–Sa 22–3 Uhr. Disco und Restaurant im Zentrum, nahe der Piazza Repubblica. Der Name ist die Abkürzung für »you are beautiful«, dementsprechend *à la mode* ist das Ambiente und das Publikum. Die Hauptattraktion ist die große Tanzfläche mit aufwendigen Lichteffekten. Für die Getränke stehen vier Bars zur Auswahl.

Ausgehen

Montags gibt es Hip-Hop, ansonsten wechseln Musik und DJs jeden Abend.

Latino-Rhythmen

Cocktails und Salsa – **Eby's Latin Bar:** ■ **Karte 2, G 4,** Via dell'Oriuolo 5r, Tel. 055 247 76 53, Bus: 14, 23, C1, C2, Mo–Sa 9–3 Uhr. Liegt mitten im Zentrum, unter dem pittoresken Bogen von San Piero und bietet Cocktails mit frischen Früchten, Rum, Tequila und Fruchtsäfte zu Salsa-Musik. Dazu kann man für 4,50 € Burritos oder andere Snacks bestellen. Zur Happy Hour, zwischen 18 und 22 Uhr, sind die Preise noch günstiger.

Livemusik und Jazz

Rund um die Uhr – **Astor Café:** ■ **Karte 2, E/F 4,** Piazza del Duomo 20r, Tel. 055 239 90 00, www.astorcafe.com, Bus: C1, C2, Mo–Sa 10–3, So 17–3 Uhr. Im Astor kann man frühstücken und nach zwölf Stunden zurückkommen, um einen Cocktail zu schlürfen – oder um Livemusik zu hören. Die Palette reicht von Jazz über Blues bis zu lateinamerikanischer Musik.

Musik & Menü – **Caruso Restaurant & Jazz Café:** ■ **Karte 2, E 5,** Via Lambertesca 14–16r, Tel. 055 28 19 40, www.carusorestaurant.it, Bus: C1, C3, D, Mo–Sa 9.30–15.30, 18–24 Uhr. Von Do bis Sa gibt es im Caruso ab 21 Uhr Jazzkonzerte italienischer und internationaler Musiker. Rote Sofas verbreiten eine gemütliche Atmosphäre. Zum Jazz gibt es toskanische Küche.

Italienische Musikkultur – **Chianti Road-Chiodo Fisso:** ■ **Karte 2, F 5,** Via Dante Alighieri 16r, Tel. 055 238 12 90, Bus: C1, C2, Mo–Sa 20–2 Uhr. Der

Das Sommerfestival Firenze Estate wird auch auf der Piazza della Signoria gefeiert

Ausgehen

Zwangloser Treffpunkt zum Vorglühen am Lungarno Corsini über dem Arno

Musiker Andrea Ardia bietet seinen Gästen in seiner Taverne Musik und Wein. Manchmal spielt er selbst eigene Songs oder die Evergreens bekannter italienischer Liedermacher. Insgesamt hat das Lokal ein interessantes Programm und vermittelt viel italienische Musikkultur.

Jazzlabor – **Pinocchio Jazz:** ■ **südl. K 6,** Viale D. Giannotti 13, Tel. 055 68 33 88, www.pinocchiojazz.it, Bus: 8, 23, 31, 32, 33, Okt.–März, Konzerte 21.45 Uhr, Eintritt 7–13 €. Versteht sich als ›Labor des Jazz‹. Hier sind schon die bekanntesten Namen des italienischen Jazz wie Enrico Rava und Stefono Bollani aufgetreten. Aber auch jungen Talenten wird eine Chance gegeben. Das Pinocchio Jazz Liegt zwar nicht zentral, ist aber mit dem Bus gut zu erreichen.

International – **Tender Club:** ■ **D3,** Via Alamanni 4, www.tenderclub.it, Bus: 6, 11, 12, 36, 37, C2, Do–Sa 21.30–3 Uhr, Eintritt frei. Der Club liegt nahe des Bahnhofs Santa Maria Novella. DJ Set und Live-Konzerte, italienische und internationale Rock- und Pop-Bands. Der erste Musikclub in Florenz mit internationalem Flair.

Schwul und lesbisch

Außerhalb – **BK Bar: Karte 4,** Via Vittorio Alfieri 95, Sesto Fiorentino, Mobil-

Ausgehen

tel. 338 134 19 64, Bus (ab Bf. Santa Maria Novella): 1, 40, 80, Mo–Do 21.30–2, Fr–Sa 21.30–3, So 20–2 Uhr. Liegt ca. 10 km außerhalb von Florenz im Ausflugsort Sesto Fiorentino. Freundliche und lockere Atmosphäre bei gut gemixten Cocktails an der Bar. So Karaoke, ansonsten viel 70er-Jahre-Musik und sporadische Frauenabende, ansonsten ist das Publikum gemischt. Kann auch mit einem Tagesausflug zu den Medici-Villen verbunden werden (s. S. 83, 84).

Kunst und Drinks – **Piccolo Caffè:** ■ **Karte 2, G 5,** Borgo Santa Croce 23r, Tel. 055 200 10 57, Bus: 23, C1, C3, tgl. 17–2 Uhr. In der sympathischen Bar trifft man sich mit Freunden auf einen Drink, sie ist ein beliebter Treffpunkt von Gays und Lesben. Es werden auch oft Ausstellungen und Konzerte organisiert. Samstags ist es immer überfüllt.

Antikes Gewölbe – **Tabasco:** ■ **Karte 2, E 5,** Piazza S. Cecilia 3r, Tel. 055 21 30 00, www.tabascogay.it, Bus: C1, C2, So–Mi 20–4, Do–Sa 20–6 Uhr. Existiert seit 1974 in einem antiken Gewölbe nahe der Piazza Signoria, wo sich einst Dante und seine Beatrice getroffen haben. Die Disco ist nicht nur bei einheimischen Gays, sondern dank der zentralen Lage auch bei Touristen beliebt. Musik von Hip-Hop über Techno bis zu 70er-Disco-Musik.

Kino

Die Florentiner sind Cineasten und entsprechend groß ist die Auswahl an Kinosälen. Kein Wunder, dass einer der größten italienischen Produzenten und Kinobesitzer der Nachkriegszeit, Vittorio Cecchi Gori, aus der Stadt am Arno stammte. Eines der schönsten *cinema* der Stadt ist das **Odeon Cinehall** in einem Art-Nouveau-Palazzo an der Piazza Strozzi (■ **Karte 2, E 4,** Tel. 055 21 40 68). Hier werden englischsprachige Filme in der Originalfassung gezeigt. Im Juli und August empfiehlt sich das Open-Air-Kino **Arena Chiardiluna** (■ **B 5,** Via di Monte Oliveto 1, Tel. 055 233 70 42). Der Eintritt in die Kinos kostet zwischen 5 und 8 €.
Kinoprogramm: Eine aktuelle Übersicht geben www.firenzespettacolo.it oder www.mymovies.it/cinema/firenze.

Sprachführer Italienisch

Aussracheregeln

In der Regel wird Italienisch so ausgesprochen wie geschrieben. Treffen zwei Vokale aufeinander, so werden beide einzeln gesprochen (z. B. E-uropa). Die Betonung liegt bei den meisten Wörtern auf der vorletzten Silbe. Liegt sie auf der letzten Silbe, wird ein Akzent verwendet (z. B. città, caffè).

Konsonanten

c	vor a, o, u wie k, z. B. conto; vor e, i wie tsch, z. B. cinque
ch	wie k, z. B. chiuso
ci	vor a, o, u wie tsch, z. B. doccia
g	vor e, i wie dsch, z. B. Germania
gi	vor a, o, u wie dsch, z. B. spiaggia
gl	wie ll in Brillant, z. B. taglia
gn	wie gn in Kognak, z. B. bagno
h	wird nicht gesprochen
s	teils stimmhaft wie in Saal, z. B. museo; teils stimmlos wie in Haus, z. B. sinistra
sc	vor a, o, u wie sk, z. B. scusi; vor e, i wie sch, z. B. scelta
sch	wie sk, z. B. schiena
sci	vor a, o, u wie sch, z. B. scienza
v	wie w, z. B. venerdì
z	teils wie ds, z. B. zero; teils wie ts, z. B. zitto

Allgemeines

guten Morgen/Tag	buon giorno
guten Abend	buona sera
gute Nacht	buona notte
auf Wiedersehen	arrivederci
entschuldige(n Sie)	scusa (scusi)
hallo/grüß dich	ciao
bitte	prego/per favore
danke	grazie
ja/nein	sì/no
Wie bitte?	come?/prego?

Unterwegs

Haltestelle	fermata
Bus/Auto	autobus/máccchina
Ausfahrt/-gang	uscita
Tankstelle	stazione di servizio
rechts/links	a destra/a sinistra
geradeaus	diritto
Auskunft	informazione
Bahnhof/Flughafen	stazione/aeroporto
alle Richtungen	tutte le direzioni
Einbahnstraße	senso único
Parkplatz	parcheggio
Halteverbot	divieto di sosta
Eingang	entrata
geöffnet	aperto/-a
geschlossen	chiuso/-a
Kirche/Museum	chiesa/museo
Strand	spiaggia
Brücke	ponte
Platz	piazza/posto

Zeit

Stunde/Tag	ora/giorno
Woche	settimana
Monat	mese
Jahr	anno
heute/gestern	oggi/ieri
morgen	domani
morgens/abends	di mattina/di sera
mittags	a mezzogiorno
früh/spät	presto/tardi
Montag	lunedì
Dienstag	martedì
Mittwoch	mercoledì
Donnerstag	giovedì
Freitag	venerdì
Samstag	sábato
Sonntag	doménica
Feiertag	giorno festivo

Notfall

Hilfe!	Soccorso!/Aiuto!
Polizei	polizía
Arzt	médico
Zahnarzt	dentista
Apotheke	farmacía
Krankenhaus	ospedale
Unfall	incidente
Schmerzen	dolori
Panne	guasto

Übernachten

Hotel	albergo
Pension	pensione
Einzelzimmer	camera singola
Doppelzimmer	camera doppia
mit/ohne Bad	con/senza bagno

Sprachführer

Toilette	bagno, gabinetto	kaufen	comprare
Dusche	doccia	bezahlen	pagare
Handtuch	asciugamano		
mit Frühstück	con prima colazione	**Zahlen**	
Halbpension	mezza pensione	1 uno	17 diciassette
Gepäck	bagaglio	2 due	18 diciotto
Rechnung	conto	3 tre	19 diciannove
Quittung	ricevuta	4 quattro	20 venti
wecken	svegliare	5 cinque	21 ventuno
		6 sei	30 trenta
Einkaufen		7 sette	40 quaranta
Geschäft/Markt	negozio/mercato	8 otto	50 cinquanta
Kreditkarte	carta di crédito	9 nove	60 sessanta
Geld	soldi	10 dieci	70 settanta
Geldautomat	bancomat	11 ùndici	80 ottanta
Lebensmittel	alimentari	12 dòdici	90 novanta
teuer	costoso/-a	13 trédici	100 cento
billig	a buon mercato	14 quattordici	150 centocinquanta
bar	in contanti	15 quìndici	200 duecento
Größe	taglia	16 sédici	1000 mille

Die wichtigsten Sätze

Allgemeines
Sprechen Sie … Deutsch/Englisch? Parla … tedesco/inglese?
Ich verstehe nicht. Non capisco.
Ich spreche kein Italienisch. Non parlo italiano.
Ich heiße … Mi chiamo …
Wie heißt Du/heißen Sie? Come ti chiami/si chiama?
Wie geht es Dir/Ihnen? Come stai/sta?
Danke, gut. Grazie, bene.
Wie viel Uhr ist es? Che ora è?

Unterwegs
Wie komme ich zu/nach …? Come faccio ad arrivare a …?
Wo ist bitte …? Scusi, dov'è …?
Könnten Sie mir bitte … zeigen? Mi potrebbe indicare …, per favore?

Notfall
Können Sie mir bitte helfen? Mi può aiutare, per favore?
Ich brauche einen Arzt. Ho bisogno di un médico.
Hier tut es weh. Mi fa male qui.

Übernachten
Haben Sie ein freies Zimmer? C'è una cámera lìbera?
Wie viel kostet das Zimmer pro Nacht? Quanto costa la cámera per notte?
Ich habe ein Zimmer bestellt. Ho prenotato una cámera.

Einkaufen
Wie viel kostet …? Quanto costa …?
Ich brauche … Ho bisogno di …
Wann öffnet/schließt …? Quando apre/chiude …?

Register

Agenzia per il turismo di Firenze 19, 88
Albion Calzature 104
Alle Murate 94
Alte Sakristei 53
Angela Caputi 46
Angels 96
Angiolino 73
Anreise 16
Antica Farmacia Santa Maria Novella 48
Antica Sosta degli Aldobrandini 54
Antica Trattoria Palle D'Oro 50
Antico Vinaio 33
Antiquariate 71
Apotheken 19
APT Info-Zentrale 88
Arena Chiardiluna 113
Astor Café 111
Auditorium Flog 109
Ausflüge 82
Ausgehen 106
Ausweispapiere 17
Auto 17

B&M Bookshop 101
Badia Fiorentina 42
Bahnhof 16, 48
Baptisterium 38
Bar Vivoli Gelateria 94
Battisterio 38
Bauwerke 74
Bed & Breakfast 88
Behinderte 21
Biblioteca Medicea Laurenziana 53
Bierkneipen 107
Birrerie 107
BK Bar 112
Blue Velvet 109
Boboli-Gärten **66**, 110
Botanischer Garten 56
Botschaften 22
Bottega dei Ragazzi 57
BP Studio 46
Buchläden 101

Cabiria Winebar 69
Cafés 93
Caffè Amerini 93
Caffè Cibreo 94
Caffè degli Artigiani 66
Caffè Giacosa 46
Caffè Ricchi 71
Caffè Rivoire 35
Caffè Sant'Ambrogio 60
Caffèlatte 93
Caffetteria (Uffizien) 33
Calcio in Costume 18
Campanile 38
Capella Brancacci 68
Capella dei Magi 54
Capella dei Principi 54
Capelle Medicee 54
Carabè 94
Cartoleria Vannucchi 36
Caruso Restaurant & Jazz Café 111
Casa Buonarotti 59
Casa di Dante 43
Casa Musicale G. Ceccherini 102
Casa Vasari 80
Castorina 73, 102
CDs 101
Cellini, Benvenuto 29
Certosa 74
Chianti 85
Chianti Road-Chiodo Fisso 111
Cimitero Porte Sante 62
Ciompi 14
Cocktailbars 106, 108
Colle Bereto 108

Da Nerbone 49
Da Penello 43
Da Sergio 54
Dante Alighieri 42
Dante-Viertel 40
Data Records 93 101
David (Michelangelo) 35
Dei Frescobaldi 36
Delikatessen 101
Designläden 96

Desiivintage 46
Diplomatische Vertretungen 22
Diskotheken 109
Dolce Vita 72
Dolci e Dolcezze 101
Dom 37
Doris 109
Duomo Santa Maria del Fiore 37

Eby's Latin Bar 111
Echo 103
Einkaufen 100
Einreisebestimmungen 17
Eisdielen 99
Elektrobus 100
Energiestore 46
Enoteca e Salumeria Verdi 60
Enoteca Pinchiorri 94
Ente Nazionale Italiano per il Turismo (ENIT) 19
Epifania 18
Essen und Trinken 92

Fanti, Manfredo 55
Farmacia Molteni 36
Feiertage 17
Feltrinelli 101
Feltrinelli Internationale **54**, 101
Ferragamo 45
Festa del Grillo 18, 81
Festa di San Giovanni 18
Feste und Festivals 18, 110
Festivals 110
Fiesole 82
Filipepe 63
Finisterrae 60
Firenze Estate 110
Fisch 97
Fitness 22
Flò Lounge Bar 63, 108
Flohmarkt 102
Florence by bike 51
Floroom 1 90

Register

Floroom 2 90
Flughafen 16
Focacceria 55
Forte di Belvedere 74
Fortezza da Basso 74
Fra Angelico 55
Fratelli Piccini 30
Frühstücken 93
Full up 109
Fundbüro 18
Fuor d'acqua 94

Gärten 81
Galleria dell'Accademia 56
Gelateria dei Neri 33
Geschenke 102
Geschichte 14
Gesundheit 18
Gherardi 30
Giardino Bardini 81
Giardino dei Semplici 56
Giardino di Boboli 66, 110
Gilardini 46
Gilli 41
Giovanni Baccani 105
Golden View Open Bar **30,** 97
Golf 22
Gourmetlokale 94
Greve in Chianti 85
Grom 39
Gucci 45
Gucci-Museum 45
Günstig essen 94
Günstige Hotels 89

Hauptbahnhof 16, 48
Hauptstadt 14
Hausnummern 7
Haustiere 17
Hotel Azzi 90
Hotel Boboli 89
Hotel Bretagna 89
Hotel Brunelleschi 90
Hotel Dalì 89
Hotel David 90
Hotel degli Orafi 90
Hotel Hermitage 91
Hotel Silla 91
Hotelpreise 88
Hotels mit Flair/Stil 88, 90

I dolci di Patrizio Cosi 93
Il Bargellino 89
Il Bisonte 104
Il Bovaro 107
Il Canapone Club 97
Il Cantinone del Gallo Nero 96
Il Cibreino 94
Il Cibrèo 95
Il Guscio 97
Il Latini 98
Il Paralume 102
Il Rifrullo 63
Il Vegetariano 98
Il Vinaino 99
Informationsquellen 19
Internetadressen 20
Interno 4 69
Itinerari Sconosciuti 18

Jazz 111
Joggen 23

Kartell 103
Kartenvorverkauf 107
Kinder 76
Kinos 113
Kirchen 76
Klima 20
Konsulate 22

L'ippografo 71
La belle epoque 103
La Casalinga 96
La Divina Enoteca 50
La Ménagère 103
La Mescita Fiaschetteria 99
La Raccolta 98
Lapini 104
Latinomusik 111
Le Cascine **81,** 110
Le Giubbe Rosse 40
Lebensmittel 101
Leder- und Souvenirmarkt 54
Ledermacher 59
Lederwaren 104
Livemusik 111
Lobs 94
Loggia dei Lanzi 35
Loggia del Bigallo 39
Loggia del Grano 33

l'Ritrovino de'Servi 57
Lungarno degli Archibusieri 30

Machiavelli, Niccolò 72
Märkte 102
Maggio Musicale Fiorentino 110
Mandarina Duck 46
Mannina 73
Medici 14, 31, **52**
Medici-Villen 83
Mercato Centrale di San Lorenzo **49,** 102
Mercato delle Cascine 102
Mercato delle Pulci 102
Mercato di Sant'Ambrogio 102
Mercato Nuovo 43, 102
Mesticheria Mazzanti 103
Mietwagen 24
Mittelalter 14
Mittelklassehotels 90
Mitwohnzentrale 88
Modeläden 103
Monna Lisa 91
Mostra dei Fiori 18
Mostra Mercato Internazionale dell'Artigianato 18
Moyo 108
Mrs Macis 103
Museen 78
Museo dei Ragazzi 76
Museo dell'Opera del Duomo 78
Museo di Casa Martelli 78
Museo di Prestoria 76
Museo di San Marco 55
Museo di Storia della Fotografia Alinari 79
Museo di Storia della Scienza 33
Museo Horne 79
Museo Marino Marini 80
Museo Nazionale Archeologico 80
Museo Nazionale del Bargello 42
Museo Novecento 80
Museo Salvatore Ferragamo 45

117

Register

Museo Stefano Bardini 81
Musica dei Popoli 110
Musik 106

Nachtleben 107
Nahverkehrszüge 24
Nannini 104
Negroni Florence Bar 72, **108**
Neptunbrunnen 35
Neujahrsfest 18
Notfälle 22
Notfallaufnahme 19
Notrufnummern 22
Nove 73

Odeon Cinehall 113
Öffentliche Verkehrsmittel 23
Öffnungszeiten 21, 92, 100
Ognissanti 75
Old Stove Duomo 107
Oleum Olivae 101
Olfattorio 103
Olio & Convivium 101
Oliviero 96
Oltrarno 6, 70
Or San Michele 42
Orientierung 6
Ospitale delle Rifiorenze 89
Osteria Cipolla Rossa 48
Osteria del Caffè Italiano 98
Osteria dell'Ortolano 98
Osteria Santo Spirito 69

Palazzo Bombicci 36
Palazzo Davanzati 74
Palazzo de' Vecchietti 43
Palazzo dei Canonici 39
Palazzo dell'Antella 58
Palazzo dell'Arte della Lana 41
Palazzo Gondi 75
Palazzo Machiavelli 73
Palazzo Medici Riccardi 54
Palazzo Pitti 64
Palazzo Pucci 45
Palazzo Salviati 43
Palazzo Spini Feroni 45
Palazzo Strozzi 75
Palazzo Uguccioni 36

Palazzo Vecchio 34
Pampaloni 105
Palio Remiero di San Giovanni 18
Pane & Co. 101
Parco della Musica e della Cultura 81
Parco di Pinocchio 76
Parkplätze 17
Parks 81
Paszkowski 41
Pegna 101
Pelletteria Bottega Fiorentina 59
Pelletterie Fiorentine 104
Pepò 51
Perche No! 94
Pescia 76
Piazza della Repubblica 40
Piazza della Signoria 6, **34**
Piazza di Sant' Ambrogio 60
Piazza Santa Croce 58
Piazza SS. Anunziata 57
Piazzale Michelangelo 63
Piccolo Caffè 112
Pineider 105
Pink Street Club 57
Pinocchio Jazz 112
Pizzaiuolo 96
Ponte alle Grazie 30
Ponte Santa Trinità 30
Ponte Vecchio 28
Pop Café 71
Porfirio Rubirosa 108
Porta del Paradiso 39
Preise 92
Procacci 46
Programmauskunft 107
Pubs 106, **107**
Pucci 45

Raspini 103
Rauchen 92
Reisen mit Handicap 21
Reisezeit 20
Relais Amadeus 89
Renaioli 30
Rex Café 108
Rificolona 57
Rinascente 43
Ristoro dei Perditempo 96
Rivalta 108

Rivoire 35
Römer 14
Romanelli, Valerio 71
Rose's 97
Rudern 23
Ruth's 98

Salsa 111
Samba 111
San Frediano Mansion B&B 89
San Lorenzo 52
San Marco 55
San Miniato al Monte 61
San Salvatore al Monte 63
Sant'Ambrogio 77
Santa Croce 58
Santa Felicità 77
Santa Margherita de' Cerchi 43
Santa Maria del Carmine 68
Santa Maria Maddalena de' Pazzi 77
Santa Maria Novella 47
Santa Trinità 78
Santi Apostoli 78
Santo Spirito 67
Schmuckläden 104
Schuhläden 104
Schwimmen 23
Schwul und lesbisch 112
Scoppio del Carro 18
Scuola del Cuoio 59
Shot Café 108
Sicherheit und Notfälle 22
Sinagoga e Museo Ebraico 78
Soggiorno la Pergola 90
Soqquadro 102
Space Club 110
Spedale degli Innocenti 57
Sport 22
Sprachführer 114
Stadtführungen 25
Stadtrundfahrten 25
Stazione Santa Maria Novella 16, 48
Stilvolle Hotels 90
Straßenbahn 12, 24

Register

Szenekneipen 108
Szenerestaurants 96

Tabasco 113
Tanz 106
Taxis 24
Teatro Comunale 110
Teatro della Pergola 110
Telefon 23
Tenax 110
Tender Club 112
Terrazza Bardini 66
Theater 110
The Fiddler's Elbow 107
The Mall 104
The Old Stove 107
Torrefazione Fiorenza 73
Toskanische Küche 96
Tour Botteghe Antiche 73
Tourist House Ghiberti 90
Touristeninformation 19
Traditionsgeschäfte 105
Trattoria Mario 51
Trattoria Napoleone 73
Trattoria Zà-Zà 50
Tribunale di Mercanzia 36
Twisted Jazz Shop 69

Überlandbusse 24
Übernachten 88
Ufficio Informazione Turistica Comune di Firenze 19
Uffizien 31
Umwelt 20
Una Hotel Vittoria 91

Vasari-Gang 29
Vegetarische Küche 98
Verkehr 15
Via Maggio 71
Via Tornabuoni 44
Viertel, historische 6
Villa Medicea di Castello 83
Villa Medicea di Poggio a Caiano 84
Villa Medicea La Petraia 83
Vincent Croce 69
Vineria Ristorante Gastone 99
Volume Bar 72

Weinlokale 98
Wellness 22

Yab 110

Zanobini 50
Zimmervermittlung 88
Zoe 72, **109**

Das Klima im Blick — atmosfair

Reisen bereichert und verbindet Menschen und Kulturen. Wer reist, erzeugt auch CO_2. Der Flugverkehr trägt mit einem Anteil von bis zu 10 % zur globalen Erwärmung bei. Wer das Klima schützen will, sollte sich für eine schonendere Reiseform (z. B. die Bahn) entscheiden – oder die Projekte von *atmosfair* unterstützen. *Atmosfair* ist eine gemeinnützige Klimaschutzorganisation. Die Idee: Flugpassagiere spenden einen kilometerabhängigen Beitrag für die von ihnen verursachten Emissionen und finanzieren damit Projekte in Entwicklungsländern, die dort den Ausstoß von Klimagasen verringern helfen. Dazu berechnet man mit dem Emissionsrechner auf *www.atmosfair.de*, wie viel CO_2 der Flug produziert und was es kostet, eine vergleichbare Menge Klimagase einzusparen (z. B. Berlin – London – Berlin 13 €). *Atmosfair* garantiert die sorgfältige Verwendung Ihres Beitrags. Klar – auch der DuMont Reiseverlag fliegt mit *atmosfair*!

Autorin | Abbildungsnachweis | Impressum

Unterwegs mit Michaela Namuth

Die Autorin lebt seit 1995 in Italien und arbeitet dort als Journalistin, u. a. für internationale Magazine und Reiseredaktionen in Deutschland. Ihr Wohnsitz ist Rom, aber dank ihrer Tätigkeit reist Michaela Namuth oft durch das Land. Florenz war die erste Stadt Italiens, die sie kennen- und lieben lernte. Ihre Stadtführerin war damals die Übersetzerin Francesca Serfogli, die auch bei der Recherche für diesen Band geholfen hat. Am meisten schätzt Michaela Namuth an Florenz, dass man in den mittelalterlichen Gassen immer wieder neue Geheimnisse entdeckt.

Abbildungsnachweis

DuMont Bildarchiv, Ostfildern: S. 38, 62, 100 (Widmann)
Bildagentur Huber, G.-Partenkirchen: 112/113 (Scatà)
iStockphoto, Calgary (Kanada): S. 82, 85 (eliandric); 13, 88 (Fyletto)
laif, Köln: S. 37 (Arcaid/Clapp); 7, 31 (Bungert); Umschlagrückseite, 29, 41, 61, 86/87, 95, 106, 111 (Celentano); 26/27, 109 (Galli); 47, 49, 53, 67 (hemis.fr/Mattes); 92 (Henkelmann); Titelbild, 10, 15, 34, 58, 74, 75, 99 (Madej); 9 (Modrow); 56 (Vandeville)
Look, München: Umschlagklappe vorn (Maeritz); S. 4/5 (Richter)
Mauritius, Mittenwald: S. 65 (cuboImages); 84 (imagebroker/Kutter); 32 (SuperStock)
Michaela Namuth, Rom: S. 42, 46, 72, 91, 97, 105, 120

Kartografie: DuMont Reisekartografie, Fürstenfeldbruck
© DuMont Reiseverlag, Ostfildern

Umschlagfotos
Titelbild: Modegeschäft an der Piazza di San Giovanni
Umschlagklappe vorn: Statue im Innenhof des Palazzo Pitti

Hinweis: Autorin und Verlag haben alle Informationen mit größtmöglicher Sorgfalt geprüft. Gleichwohl sind Fehler nicht vollständig auszuschließen. Alle Angaben erfolgen ohne Gewähr. Bitte schreiben Sie uns! Über Ihre Rückmeldung zum Buch und Ihre Verbesserungsvorschläge freuen sich Autorin und Verlag:
DuMont Reiseverlag, Postfach 3151, 73751 Ostfildern,
info@dumontreise.de, www.dumontreise.de

3., aktualisierte Auflage 2015
© DuMont Reiseverlag, Ostfildern
Alle Rechte vorbehalten
Redaktion/Lektorat: Anne Winterling
Grafisches Konzept: Groschwitz/Blachnierek, Hamburg
Printed in China